LA PUISSANCE DE L'INTERCESSION

(YINKA OLOYEDE)

www.glorypulishers.org

La prière fervente du juste a une grande puissance et produit de résultats merveilleux.

Cet ouvrage est une traduction de la version originale : The power of intercession

À moins que marqué autrement, les citations bibliques employées dans ce document sont tirés de Louis Segond (LSG). Toute autre définition est un produit de traduction ou une paraphrase.

Page de Couverture par Olayinka I. OloyedeISBNs :
"ISBN 978-3-944924-06-9" (couverture souple)
"ISBN 978-3-944924-07-6" (ebook)

POEME

* * * * *

Un Poème de la Souveraineté de Dieu

Seigneur, Tu es un Dieu Souverain,

Et Ta Souveraineté est établie sur toute la terre

Ta Souveraineté n'a pas de fin

Ta Souveraineté aime l'Humanité

Oui Seigneur, tu choisis d'utiliser l'humanité pour exprimer ta Souveraineté,

Que Tu es merveilleux

Omnipotent, omniscient et omniprésent.

(Yinka Oloyede, 2005)

DÉDICACE

*****

Je dédie ce livre au Saint-Esprit, mon instructeur, à chaque intercesseur et à tous ceux qui répondront à l'appel de la Prière.

TABLE OF CONTENTS

* * * * *

Je remercie le Seigneur, Dieu Tout-puissant pour la vie du pasteur Emile, de son épouse Gertrude MUDIZO et les membres de l'église « La Vérité C'est JéSUS CHRIST – France », pour les avoir mis sur mon chemin pour un temps de communion avec ma famille. Je prie que le Seigneur vous utilise d'une manière extraordinaire pour l'expansion de son église à travers   le monde.

Je remercie également le Seigneur pour la servante de Dieu Josiane Tomar, traductrice et interprète en collaboration avec l'église « La Vérité C'est JéSUS CHRIST » pour sa participation à la relecture et correction de ce livre en français afin que les communautés francophones puissent aussi recevoir les bénédictions. Je prie que le Seigneur lui fasse (grâce d') une bénédiction spéciale ainsi qu'à toute sa famille pour avoir fait ce grand travail.

Que chaque personne des pays francophones reçoive des bénédictions de Dieu à partir de ce livre et que le pouvoir de l'intercession transforme les nations francophones.

Que le nom de Seigneur soit toujours Glorifié.
À son service
Yinka OLOYEDE

REMERCIEMMENTS

D'abord ma reconnaissance se porte vers le Saint-Esprit qui m'a donné la révélation des écritures pour ce livre, je ne le remercierai jamais assez. Ensuite mon mari, qui a dû supporter ces longs moments d'immobilité devant mon ordinateur tapant des pages et des pages. Merci mille fois chéri. Et mes chers enfants qui m'ont **appris** la patience. Un soir alors que j'écrivais, mon bébé chuta de la chaise et à a éteint le PC, j'avais alors déjà écrit deux pages entières de révélations, si je voulais finir cet ouvrage, je devais apprendre la patience.

Toute ma gratitude aux pasteurs et apôtre Archie et Tracy Walker, qui (à) travers leurs formidables enseignements et inspirations, m'ont permis de mettre mes perspectives dans ce projet, que Dieu vous bénisse. Je remercierai aussi Fabian Willems, de la Hollande avec sa musique ointe, qui m'a toujours tenu en alerte que et m'a confirmé que Dieu m'avait oint pour écrire ce livre : plus d'onction Fabian, quand tu chantes pour le Seigneur.

Mon bien aimé père, Chief Adebayo qui a toujours cru en moi et m'a appris que le travail ne tuait pas mais forgeait l'homme, en un homme. Mes frères Bisi, Bode et Kole qui m'ont relevé quand j'en avais besoin, que Dieu vous garde.

Enfin, mon amour à tous mes frères et sœurs en Christ qui à un moment ou un autre ont lu une partie de ce manuscrit et l'ont appliquée dans leur marche quotidienne avec Christ et par laquelle ils ont été capables de voir un résultat positif dans leur situation. Merci d'avoir cru en moi.

Que le nom du Seigneur soit remercié pour toujours, Amen.

PREFACE

J'aimerais introduire ce bouquin en déclarant qu'il ya une différence dans la prière entre des croyants et des intercesseurs. Les intercesseurs vont au-delà des exigences de la prière quotidienne demandée par Dieu. Ils écoutent les battements du cœur de Dieu, et savent qu'elle est sa volonté, sur la terre, à un moment particulier, dans un lieu particulier. Cela peut être sa volonté pour une personne particulière, un groupe de personnes ou une nation. Un intercesseur priera selon la volonté de Dieu et parfois révèlera des instructions spécifiques de Dieu. Dans la plupart des cas certains croyants ne comprennent pas ce concept, ainsi ils désapprouvent l'obéissance de l'intercesseur à Dieu. Par exemple, vous passez près d'un immeuble particulier et le Saint Esprit vous dit de faire marche arrière et de prier tout autour quoique vous ne connaissiez aucun des occupants. J'ai eu l'habitude de penser que j'étais dingue quand Dieu m'a donné cet appel pour des prières spécifiques, quand je désobéissais je voyais des conséquences négatives et quand j'obéissais il y avait des effets positifs. Après avoir lu quelques livres sur l'intercession, j'étais plus qu'heureuse de savoir qu'il existait des personnes comme moi qui reçoivent de Dieu et qui sont obéissantes à l'esprit Saint pour que la volonté de Dieu soit évidente sur la terre.

Les clés du succès de l'intercession sont l'obéissance et la foi, j'ai mentionné des exemples bibliques dans ce manuel.

Je crois que tous les intercesseurs doivent être flexibles à leur appel à prier et non être inflexibles. Vous pourriez être la seule oreille disponible aux battements du cœur de Dieu à cet instant. Par exemple, si Dieu vous a appelé à prier pour les nations, vous ne devez pas arrêter de prier pour l'évangélisation de votre communauté, Il cherche juste quelqu'un pour élever un mur de foi afin que Sa volonté soit faite sur la terre.

Jésus la plupart du temps était décrit sur terre comme un berger pour son peuple, nous le connaissons comme le chef des bergers, mais nous savons aussi qu'il fonctionnait comme apôtre, prophète, évangéliste et enseignant avec les dons de Esprit.

Mais la plus grande partie du ministère qui lui était légitime selon l'Ancien Testament était l'intercession. Dans le Nouveau Testament, Il intercédait pour tous ceux qui venaient à Lui et jusqu'à présent Il continue d'intercéder pour nous. Aucun des précédents dons n'est monté aux Cieux avec Lui, hormis l'intercession, alors pourquoi a-t-il été négligé ? Je crois fortement que c'est le désir de Dieu pour le corps du Christ, de l'embrasser mais au lieu de cela nous l'avons ignoré, parce que nous cherchons un mot, un verset de la Bible pour stipulé que c'est un ministère, puisque nous ne pouvons le trouver nous nions son pouvoir et son existence. La seule voie du succès où chaque genou fléchira devant le Dieu Tout-puissant est de faire la prière d'intercession pour chaque nation, chaque âme et propager la bonne nouvelle du salut.

Ce livre est strictement basé sur la Bible, mon intention est que le peuple ait conscience que l'intercession a <u>commencée</u> depuis le livre de la Genèse et ce fut le dernier acte de Jésus sur la croix. Dans Luc 23 : 34, Jésus a intercédé pour ceux qui l'ont crucifié sur la croix et dit : « Père pardonne leur, ils ne savent pas ce qu'ils font. Et ils se sont partagés ses vêtements en petits morceaux ». Christ est ressuscité, Il est à la droite du Père et Il intercède pour nous, (Romains 8 : 34). Notre niveau de compréhension de ce ministère dépend de notre intimité avec Dieu. Chaque intercesseur dans la Bible avait une relation intime avec Dieu ; ils avaient trois choses en commun : l'obéissance, la foi et l'humilité. L'intercesseur de nos jours n'est pas exempt de ces facteurs clés.

Le ministère de l'intercession nous permet de vivre une vie paisible dans notre environnement troublé de ces derniers jours.

Je crois que c'est un grand privilège, pour quiconque appelé par Dieu, à faire partie de ce ministère, sachant que nous faisons ce que Jésus continue de perpétrer jusqu'à présent dans les cieux. Tandis que Jésus intercède pour chaque croyant dans les Cieux, nous intercédons pour chaque âme sur la terre.

Que Dieu bénisse chaque intercesseur dans le monde aujourd'hui, spécialement ceux qui m'ont encouragée dans mon appel à prier et inspirer à écrire ce livre.

Yinka Oloyede

INTRODUCTION

LA PUISSANCE DE L'INTERCESSION

POURQUOI PRIER ?

(1 Timothée 2 :1-4)

> *J'exhorte donc, avant toutes choses, à faire des prières, des supplications, des requêtes, des actions de grâces, pour tous les hommes, pour les rois et pour tous ceux qui sont élevés en dignité, afin que nous menions une vie paisible et tranquille, en toute piété et honnêteté. Cela est bon et agréable devant Dieu notre Sauveur, qui veut que tous les hommes soient sauvés et parviennent à la connaissance de la vérité.*

Ce passage ci-dessus paraît si vague spirituellement, mais il a un grand impact sur l'humanité ou notre vie sur terre. Permettez-moi de vous les transmettre en mes propres mots ;

> *Tout d'abord et en particulier, je vous conseille fortement de parler à Dieu, par tous les moyens possibles, en faveur de qui que ce soit, ou d'un dirigeant ou d'un gouvernement quel qu'il soit. Alors nous pourrons vivre la vie qui nous a été promise au Jardin d'Eden, tranquille et paisible avec tout ce que Dieu a créé pour notre profit et ayant une constante et quotidienne communion avec Lui.*

La première créature de Dieu, Adam brisa cette relation par sa désobéissance. Mais Dieu nous aime, Il a sacrifié Son Unique Fils, mort pour nos pêchés afin de rétablir notre relation avec Lui.

Exprimons donc notre gratitude et notre reconnaissance à Dieu pour ce qu'Il a accompli pour nous, mais aussi l'appel en faveur des pêcheurs chaque fois qu'il nous arrive de nous agenouiller. Le bénéfice, pour nous tous, est de vivre en paix.

Voilà ce que Dieu aime, ce qui Lui plaît ,c'est d'entendre nos prières pour le pêcheur qu'il parvienne à la connaissance de la réalité de qui IL est vraiment.

Nous **savons, que** prier c'est–communiquer avec Dieu. La plupart du temps, nous parlons à Dieu à propos de ce que nous voulons, et Le remercions de ce qu'Il a fait et l'apprécions pour qui (Il) est. Mais il est rare de voir les chrétiens faire l'intercession pour tous les hommes, une priorité. Le point central de ce livre c'est :

L'IMPACT DES PRIERES D'INTERCESSION DANS LE MONDE D'AUJOURD'HUI

L'intercession est mentionnée plus dans l'Ancien Testament que dans le Nouveau, parce que Jésus est identifié comme étant le Seul et Unique Grand intercesseur, médiateur entre l'homme et Dieu. Dieu nous a fait le don de l'Esprit Saint (notre intercesseur), (Jean 16 : 7) qui nous donne la force de faire de grandes choses pour le Royaume de Dieu. Ce ministère spécial (c'est un ministère parce que c'est un service pour les nations et les peuples) l'intercession est né de certains chrétiens pour qui la seule chose dont ils avaient besoin d'effectuer, était de prier, de faire des prières d'intercession.

Alors que vous développez et croissez dans ce ministère, vous verrez que votre relation avec Dieu sera plus étroite. En fait, il y aura des temps, où vous vous sentirez étranges et bizarres parmi les autres, en autres termes, votre relation avec Dieu se renforcera de plus en plus. Dieu vous parlera de temps en temps : réveilles-toi et pries! Dans la nuit, il vous dira, Quelque chose d'épouvantable est sur le point d'arrivée. « Quand vous êtes obéissant à l'appel, vous verrez l'impact puissant de votre prière. Les prières d'intercession peuvent agir n'importe où sur la Terre. Vous pouvez vivre dans un petit village en Allemagne et être appelés à prier contre l'explosion d'une bombe quelque part en Israël. Le nom d'une personne pourrait même venir dans votre esprit et quand vous priez, il y aura l'effet. Dieu n'est pas limité par les frontières, Dieu a besoin de nous, pour être ses coéquipiers sur la Terre. Parfois, les chrétiens sont tellement égoïstes dans leur vie de prière et ne pensent pas aux pécheurs, ils ont oublié que c'est l'obéissance de quelqu'un dans la prière qui les a amenés à la connaissance du vrai Dieu. Ma prière c'est qu'au travers de ce livre, plusieurs ministères d'intercession naissent dans le corps du Christ afin que nous puissions tous vivre en harmonie et que plusieurs pécheurs parviennent à la vraie repentance.

LA SIGNIFICATION DE L'INTERCESSION

Selon le dictionnaire de la Bible Nelson, l'INTERCESSION c'est faire une pétition (une requête solennelle ou une prière fervente) à Dieu en faveur d'une autre personne ou d'un groupe. L'étymologie grec Huperentunchano signifie, faire une pétition ou intercéder en faveur d'un autre.

Intercéder signifie agir comme un faiseur de paix; plaider en faveur de quelqu'un ; méditer ou plaider sa cause pour la justice ou la miséricorde.

Un intercesseur est le médiateur ou le défenseur ou celui qui fait le lien entre deux parties.

Pourquoi devons-nous intercéder ?

Au commencement

Après que Dieu eut fini le travail de la création, il plaça l'homme dans le jardin d'Eden pour qu'il en fût le responsable.

(Genèse 1 :26)

Puis Dieu dit: Faisons l'homme à notre image, selon notre ressemblance et qu'il domine sur les poissons de la mer, sur les oiseaux du ciel, sur le bétail, sur toute la terre, et sur tous reptiles qui rampent sur la terre.

(Genèse 1 :28)

Et Dieu les bénit, et Dieu leur dit :

1. Soyez fécond et multipliez !
2. Remplissez la terre et assujettissez là !
3. Dominez sur les poissons de la mer, sur les oiseaux du ciel et tout animal qui meut sur la terre !

Le péché entre dans la race humaine et Dieu regrette d'avoir fait l'homme

Quand Adam et Eve ont péché, ils ont brisé leur relation avec Dieu, ils ont eu peur de Dieu, alors qu'auparavant ils avaient une parfaite relation avec Lui. Non seulement ils ont perdu leur communion mais aussi leur domination et responsabilité sur toutes les créations de Dieu à leur égard. Dieu les chassa du jardin parce qu'Il ne pouvait pas supporter le Péché ; c'est ce qui sépare l'homme de Dieu. Le Péché est alors entré dans la race humaine au travers d'Adam.

Genèse 6 : 5-6)

L'Eternel vit que la méchanceté des hommes était grande sur la terre, et que toutes les pensées de leur cœur se portaient chaque jour uniquement vers le mal. Et l'Eternel se repentit d'avoir fait l'homme sur la terre et il fut affligé en son cœur.

Isaïe 59: 1-2

1. Non, la main de l'Eternel n'est pas trop courte pour sauver,

Ni son oreille trop dure pour entendre

2. Mais ce sont vos crimes qui mettent une séparation entre vous et votre Dieu

Ce sont péchés qui vous cachent sa face

Et l' empêchent de vous écouter.

Notre Dieu est un Dieu Saint et ne peut donc pas excuser le péché comme si de rien n'était. Le péché sépare les hommes de Dieu, formant un mur qui isole le peuple qu'Il aime. Dans genèse 4 : 16, il est écrit que Caïn, le fils d'Adam a quitté la présence de Dieu après qu'il eut tué son frère. La nature de Dieu c'est la justice. Il était par conséquent nécessaire pour Dieu de chercher des personnes justes susceptibles d'intercéder pour la création.

(Proverbes 15 : 8& 29)

8. Le sacrifice des méchants est en horreur à l'Eternel,

Mais la prière des hommes droits lui est agréable

29. L'Eternel s'éloigne des méchants

Mais Il écoute la prière des justes

(Jacques 5 : 16)

Confessez vos péchés les uns aux autres et priez les uns pour les autres afin que vous soyez guéris.

La prière fervente du juste a une grande efficacité.

Dieu envoie Noé vers une génération méchante pour prêcher la repentance du péché (Genèse 6)

La terre n'était plus le paradis parfait que Dieu a voulu qu'elle soit. L'homme était plein de péché et avait totalement oublié ~~de~~ Dieu. Ils ont préféré le péché à l'obéissance. Noé était le seul homme de sa génération, que Dieu a trouvé, qui marchait dans l'obéissance.

Le verset 9 de la Bible amplifiée dit :

> « *Noé était un homme juste et pieux, irréprochable dans sa (mauvaise) génération ; Noé marchait (en communion fidèle) avec Dieu.*

« Marchait en communion fidèle » signifie qu'il était obéissant et fidèle à Dieu, pour cette raison, Dieu le sauva avec toute sa famille et détruisit le reste de la terre. Noé prit 100 ans pour construire l'arc, de la façon dont lui enseigna Dieu. Pendant ce temps Dieu attendait patiemment tout en donnant aux hommes une chance de se repentir de leurs mauvaises voies.

Pierre appela Noé le prédicateur de la justice, il était le premier homme que Dieu envoya prêcher le message de repentance.

(2 Pierre 2 : 5)

> *s'il n'a pas épargné l'ancien monde, s'il a sauvé huit personnes dont Noé ce prédicateur de la justice, lorsqu'il fit venir le déluge sur le monde d'impies.*

Depuis les jours de Noé, l'homme a perdu sa relation divine avec Dieu.

Noé était le premier prédicateur de la repentance de sa génération pécheresse pour laquelle il a plaidé afin qu'elle se détourne de ses mauvaises voies et qu'elle soit sauvée de l'inondation de destruction qui était sur le point de venir sur eux, mais elle a été rebelle au message. Le monde entier a été inondé d'une pluie interminable, et seule, Noé, sa famille et tous les animaux que Dieu lui avait indiqués à mettre dans l'arc ont été sauvés.

ÉVÈNEMENT IMPORTANT DE L'INTERCESSION

Un revers de la communication (Genèse chapitre 4)

Nous savons qu'au commencement, le Seigneur était le premier à parler à son peuple. Il parla à Adam dans le jardin. Après qu'Adam ait péché, le Seigneur a également demandé à Caïn pourquoi était-il en colère après que son sacrifice fut rejeté ? Après la chute de l'homme, le péché brisa cette communication et maintenant, il revient à l'homme de parler à son tour à Dieu. Dans Genèse 4, Eve a reconnu l'aide de Dieu dans la conception de son premier fils Caïn. Aussi quand elle a eu son troisième fils Seth, elle a reconnu que Dieu lui a donné un autre enfant en remplacement d'Abel. Eve était une femme humble, qui savait qu'elle a eu ses enfants avec l'aide du Seigneur, elle a montré de la gratitude en Le remerciant et en Le louant pour ses enfants et en le cherchant d'un cœur sincère quoiqu'elle fût maudite dans le jardin. A cause de son humilité, Dieu était toujours encours pour restaurer l'humanité par cette même femme par la lignée de Seth. La Bible dit de cette façon : « *...C'est alors que l'on commença à invoquer le nom de l'Eternel.* » *(Genèse 4:26)* Le monde aujourd'hui est dans un tel état de péché ; mais bien que l'esprit des gens soit rempli de mal, Dieu les aime toujours, car il les a créés à sa propre image. Dieu continue à chercher des gens justes et pieux qui (effectueront) Sa volonté intercéderont en faveur de ce monde pécheur.

Maintenant nous allons examiner quelques exemples importants où l'intercession a lieu par un homme fidèle ce qui a permis à Dieu de ne pas porter un jugement sur l'humanité.

Événements de l'intercession

A l'aide des exemples bibliques, cette section expliquera les effets puissants de l'intercession quand il a eu lieu et ce qui pourrait arriver, si Dieu ne trouve pas quelqu'un qui puisse intercéder. Chaque fois que Dieu nous appelle à intercéder, nous jouons un rôle important pour notre existence, à vivre en paix les uns avec les autres dans le monde où nous vivons actuellement.

Combler le fossé entre les vivants et les morts

(Nombres 16:47- 48)

> *Aaron prit le brasier comme Moïse avait dit, et courut au milieu de l'assemblée, et voici, la plaie avait commencé parmi le peuple. Il offrit le parfum et il fit l'expiation pour le peuple. Il se plaça entre les morts et les vivants, et la plaie fut arrêtée.*

Les Israélites se rebellèrent contre Moïse et Aaron ; Dieu fatigué de ce peuple rebelle, dit à Moïse et Aaron de quitter la congrégation, afin qu' IL puisse exterminer la population, mais Moïse demanda au sacrificateur de brûler rapidement de l'encens devant le Seigneur, qui fut comme un parfum de bonne odeur monta devant Lui. Ce qui signifie que les prières d'intercession montent devant le Seigneur. Aaron se tint entre les vivants et les morts et la peste s'arrêta.

Construction d'un mur de foi pour résister au mal

(Ezéchiel 22:30-31)

> « Je cherche parmi eux un homme qui élève un mur, qui se tienne à la brèche devant moi en faveur du pays, afin que je ne le détruise pas ; mais je n'en trouve point.
>
> Je rependrai sur eux ma fureur, je les consumerai par le feu de ma colère, je ferai retomber leur œuvres sur leurs têtes, dit le Seigneur l'Eternel.»

Au début de ce chapitre, il est expliqué toutes les atrocités commises par les dirigeants et le peuple, toute la terre était remplie de péché. Même les prophètes et les sacrificateurs n'avaient plus de révérence pour Dieu.

Dieu cherchait juste un homme pour ériger un mur de foi et intercéder pour la ville, pour ramener le peuple à Dieu mais Il n'en trouva point. La ville fut détruite par la colère de Dieu. Dieu aujourd'hui recherche des personnes prêtes pour construire un mur de foi par la prière afin de résister au mal dans le monde dans lequel nous vivons.

Dieu a besoin de nous pour prier en faveur des nations

(1 Timothée 2: 1- 4)

> *J'exhorte donc, avant toutes choses, à faire des prières, des supplications, des requêtes, des actions de grâces, pour tous les hommes, pour les rois et pour tous ceux qui sont élevés en dignité afin que nous menions une vie paisible et tranquille, en toute piété et honnêteté. Cela est bon et agréable devant Dieu notre Sauveur, qui veut que tous les hommes soient sauvés et parviennent à la connaissance de la vérité.*

Pendant très longtemps, nous avons vu les gouvernements et les puissances mondiaux, essayant de transmettre le message de paix au monde mais il n'y en a toujours pas. Seule l'église ~~qui~~ a la puissance de faire revivre le monde ; si seulement elle se levait à sa juste place et avait le désir d'intercéder pour toutes les nations, cela serait un endroit meilleur où il fera bon vivre. Si l'intercession a joué un rôle majeur au temps de Moïse lorsque le péché a été jugé sur place, à combien plus forte raison n´en serait-ce de nos jours où nous vivions dans une ère de miséricorde et de grâce. C'est par nos prières d'intercession que Dieu peut travailler sur terre.

Notre prière incite Dieu à agir dans le ciel et sur terre

(Apocalypse 5:8)

> *Quand il eut pris le livre, les quatre êtres vivants et les vingt-quatre vieillards se prosternèrent devant l'agneau, ayant chacun une harpe et des coupes d'or remplies de parfums, qui sont les prières des saints.*

(Révélation 8:4)

> *La fumée des parfums monta, avec les prières des saints, de la main de l'ange devant Dieu.*

Dans les deux textes ci-dessus il est noté que les prières des saints s'accumulent dans les coupes dans le ciel. Avant que l'agneau n'ouvre le rouleau, les prières étaient mélangées avec l'encens et leur fumée montait vers Dieu. Ils ont chanté un chant nouveau et le rouleau s'est ouvert (chap.6). Avant que le septième sceau ne soit ouvert, le silence régnait au ciel depuis une demi-heure. (Apo. 8 :1). Puis un ange a brûlé l'encens, avec les prières des saints et il monta vers Dieu. L'ange prit de l'encens sur l'autel et le jeta sur la terre et il y eut un tremblement de terre. Au ciel nos prières rendent possible l'ouverture du premier et du dernier sceau. Combien plus nos prières accumulées dans les coupes au ciel vont-elles agir sur le royaume terrestre.

INTERCESSION ET PRIÈRE

Nous avons défini plus haut l'intercession comme la recherche de la présence et l'écoute des battements du cœur de Dieu en faveur des autres ou faire une pétition ou « intercéder en faveur des autres. (Voir chapitre 1). C'est notre devoir de plaidoyer auprès de Dieu en faveur de ce monde pécheur. Jésus intercède toujours pour l'église ou pour tous ceux qui croient en Lui mais c'est notre devoir de réconcilier les non croyants avec Lui au travers de la prière et de l'intercession et en témoignant auprès des autres par (l'évangélisation) ; c'est la responsabilité qu'Il a donné à l'église. Aucun homme ne peut venir au Père excepté par Jésus-Christ (Jean 14 : 6) et Il nous a donné le ministère de la réconciliation (2 Corinthiens 5 : 18).

La prière ou la supplication est le moyen par lequel les croyants communiquent avec Dieu et reçoivent des conseils ou des directives pour leur vie. L'efficacité de la prière dépend du niveau de foi et de la relation juste avec Dieu. Eve a reconnu que c'est à cause de Dieu qu'elle a pu avoir un enfant en remplacement d'Abel. Que ce n'était possible qu'avec l'aide de Dieu et par conséquent elle a exprimé sa gratitude au Père pour ses bénédictions. Nous exprimons également notre gratitude et notre reconnaissance à Dieu pour notre dépendance à Lui comme créateur et pourvoyeur de toutes choses sur la terre et au ciel, par conséquent nous Le remercions pour ce qui Il est. (C'est l'adoration). La plus significative des prières vient d'un cœur fidèle qui fait confiance à Dieu pour ses besoins. Les réponses à nos prières dépendent de la condition de nos cœurs.

La prière de Salomon exaucée sous quatre conditions

(2 Chroniques 7 : 14-15)

> *Si mon peuple sur qui est invoqué mon nom s'humilie, prie, et cherche ma face et s'il se détourne de ses mauvaises voies, je l'exaucerai des cieux, je lui pardonnerai son péché et guérirai son pays.*

> *Mes yeux seront ouverts désormais, et mes oreilles seront attentives à la prière faite en ce lieu.*

Dieu apparut à Salomon une nuit après l'achèvement et la dédicace du temple. Il lui donna un avertissement, qu'il avait la puissance de bénir et de maudire le pays. Même s'ils se sont égarés et qu'ils sont revenus à lui, leurs prières seraient honorées dans le temple si elles remplissent les quatre conditions.

Nous pouvons alors être assurés que nos prières recevront une réponse si nous remplissons ces quatre conditions :

1. humiliez-vous en confessant vos péchés

(1 Jean 1 :9)

> *Si nous confessons nos péchés, Il est fidèle et juste pour nous les pardonner et pour nous purifier de toute iniquité.*

Être humble, c'est être libre de toute arrogance et de toute fierté ; ou c'est avoir un esprit de soumission (douceur). Nous devons confesser nos péchés avec un cœur humble en admettant notre méfait, ne pas les nier par fierté.

2. Priez Dieu et demander le pardon

(Actes 10:43)

Tous les prophètes rendent de lui le témoignage que quiconque croit en lui reçoit par son nom a le pardon des péchés.

3. Cherchez Dieu continuellement en étant auditeur et acteur de sa parole

(Psaumes 119 :2-3)

Heureux ceux qui gardent ses préceptes, qui le cherchent de leur cœur,

Qui ne commettent point iniquité, et qui marchent dans ses voies!

Nous devrions chercher la face de Dieu en permanence, nous basant sur un style de vie d'adoration et non pas seulement lorsque nous sommes en difficulté. C'est ce qui établit une relation intime avec Dieu, et nous permet de lui faire confiance et d'obéir à sa parole.

4. Eloignez- vous des voies pécheresses

(1 Jean 3 :9)

Quiconque est né de Dieu ne pratique pas le péché, parce que la semence de Dieu demeure en lui ; il ne peut pécher, parce qu'il est né de Dieu!.

Nous devons renouveler notre esprit en étant conscient de la présence de Dieu dans tout ce que nous faisons. Nous avons en nous l'Esprit de Dieu pour diriger notre vie. Nous avons également l'assurance de l'Esprit Saint et sa conviction pour nous mettre en garde du péché ; par conséquent, nous ne pouvons pas continuer à pécher habituellement tout comme si Dieu s'en fichait ; Paul a dit : « Demeurerions-nous dans le péché, afin que la grâce abonde ? Loin de là !».

Quand nous comprenons ces quatre susdites conditions et les appliquons dans notre marche quotidienne avec Dieu, nous pouvons être assurés que nos prières auront des réponses.

Puis Il promet qu'Il fera les trois choses suivantes :

1. Il exaucera des cieux ; Il entendra votre demande
2. Il pardonnera vos péchés ; et vous purifiera
3. Il guérira le pays ; Il ramènera santé et richesse dans votre vie (restauration)

Maintenant Il écoutera vos prières sérieuses faites dans ce temple.

Nous sommes maintenant le temple du Dieu vivant ; 1 Corinthiens 3 : 16) dit : « *Nous sommes le temple de Dieu et l'Esprit de Dieu vit en nous* ». Dieu ne vit plus désormais dans des temples construits par des mains d'homme (Actes 17 : 24) ; nous sommes maintenant le temple de Dieu. Jésus a promis à ses disciples la venue de l'Esprit Saint, qui habitera avec eux pour toujours, le même Esprit Saint habitera également avec nous.

(Jean 14 :16-17)

> *Et moi, je prierai le Père, et il vous donnera un autre consolateur,*
> *afin qu'il demeure éternellement avec vous,*

L'Esprit de vérité, que le monde ne peut recevoir, parce qu'il ne le voit point et ne le connaît point; mais vous, vous le connaissez, car il demeure avec vous et il sera en vous.

Aujourd'hui, nous, les croyants, avons toute la divinité demeurant en nous.

(Colossiens 2 :9-10)

> *Car en Lui habite corporellement toute la plénitude de la divinité.*
>
> *Vous avez tout pleinement en Lui qui est le chef de toute domination et de toute autorité.*

Prière de miséricorde de Daniel (Daniel chapitre 9)

Daniel était conscient que son pays serait dans la désolation pour soixante-dix années, selon la parole de Dieu écrite par le prophète Jérémie. Quand les soixante-dix ans sont passés il savait que le temps d'intercéder en faveur de son pays était venu, en cherchant la face du Seigneur par la prière et le jeûne. Daniel ouvrit son cœur à Dieu en confessant ses péchés ainsi que les péchés de son pays. Il n'a pas commencé par demander premièrement que Dieu les restaure mais a confessé ses péchés et ceux de son pays, il a demandé à Dieu d'avoir la miséricorde comme il avait toujours fait dans le passé. Il a reconnu la miséricorde et la bonté de Dieu pour son pays.

(Daniel 9 :20-21,23)

> *« Je parlais encore, je priais, je confessais mon péché et le péché de mon peuple d'Israël, et je présentais mes supplications à l'Eternel, mon Dieu, en faveur de la sainte montagne de mon Dieu; je parlais encore dans ma prière, quand l'homme, Gabriel que j'avais vu précédemment dans une vision, s'approcha de moi d'un vol rapide au moment de l'offrande du soir. Lorsque tu as commencé à prier, la parole est sortie et je viens pour te l'annoncer, car tu es un bien aimé. Sois attentif à la parole et comprends la vision! »*

L'ordre de la prière de Daniel

1. Daniel a d'abord adoré le Seigneur pour ce qu'il est, en lui faisant l'éloge de sa miséricorde éternelle.
2. Il s'est humilié en confessant ses péchés et ceux de sa nation
3. Il a demandé pardon à Dieu
4. Il a ensuite présenté sa supplication (sa requête)

Dieu a répondu à sa prière en envoyant un ange.

Au début de la prière de Daniel, Dieu envoya l'Ange Gabriel pour livrer l'interprétation de sa vision. Daniel était un homme humble qui reconnut les méfaits de son peuple. Dieu dit à Salomon la même chose, « si vous vous humiliez devant moi et admettez vos torts, j'entendrai vos prières.» La plupart du temps quand nous prions, nos prières ne sont pas faite avec humilité parce qu'il y a du péché ou des choses dans notre vie dont nous pensons que ce n'est pas important pour Dieu ; parfois même, pour nous c'est comme un jeu « *j'ai le droit d'avoir raison* » et nous ne considérons pas les autres. Ce sont les attitudes d'arrogance qui entravent nos prières.

De temps en temps, le péché peut causer la maladie. Ainsi, alors que nous sommes occupés à prier Jésus de nous guérir sachant qu'il est notre guérisseur, Il nous invite à avouer nos péchés. Dans Mathieu chapitre 9, Jésus a guéri un paralytique, mais dans ce passage particulier Il n'a rien mentionné concernant la guérison. Et voici ce qu'il dit :

(Mathieu 9 :2)

> « *Et voici, on lui amena un paralytique couché sur un lit. Jésus voyant leur foi, dit au paralytique :*
>
> *Prends courage, mon enfant tes péchés sont pardonnés.* »

Considérons de façon critique ce passage. Jésus avait vu la foi des gens qui lui amenèrent le paralytique. Cette foi n'avait rien à voir avec le malade, mais avec les gens qui l'amenèrent à Jésus. Ces gens ont cru quelque part dans leur cœur que Jésus allait guérir cet homme. La foi est ce qui met Dieu en action. Elle devrait être la force motrice destinée à toutes les demandes de prières que nous faisons parce que Dieu veut que nous ayons confiance en Lui. Ce malade aurait pu commettre un péché ou ne pas croire au pouvoir de guérison de Jésus. (Péché de l'incrédulité).

En tant qu'intercesseur, vous le savez c'est un fait, vous n'avez pas le temps au doute, à l'incrédulité, au ressentiment ou à la fierté –orgueil- ; ce sont là des facteurs clés qui font obstacle à vos prières. Dieu est dépendant de ta foi et de tes prières afin de guérir le malade, d'amener des perdus dans son royaume, pour stopper le désastre ou exposer une bombe cachée dans le camp de son peuple. Jacques 5:16 dit, « confessez vos péchés les uns aux autres et priez les uns pour les autres afin que vous soyez guéris. La prière fervente du juste a une grande puissance et produit des résultats merveilleux ». Nous devons nous humilier comme Daniel l'a fait pour sa nation, ainsi quand nous prions Dieu enverra certainement un ordre du ciel pour amener une réponse à nos prières. Les mots que nous prononçons sont puissants parce que nous parlons sa parole et ils ne reviendront jamais à lui en vain, mais ils vont accomplir la mission définie, (Isaïe 55 : 11).

LE DÉBUT DE L'INTERCESSION

Je voudrais commencer l'introduction de ce chapitre par l'alliance faite par Dieu avec Noé et ses fils. Il est vital qu'aucune information du début de la scène ne soit mise hors course, de sorte que l'ensemble de l'intercession ait un sens. C'est ainsi que vous comprendrez mieux l'importance de ce ministère.

L'alliance de l'Arc-en-ciel

L'alliance de Dieu avec Noé et ses fils ;

(Genèse 9 :12-16)

> *« Et Dieu dit : C'est ici le signe de l'alliance que j'établis entre moi et vous, et tous les êtres vivants qui sont avec vous, pour les générations à toujours: j'ai placé mon arc dans la nue, et il servira de*

signe d'alliance entre moi et la terre. Quand j'aurai rassemblé des nuages au-dessus de la terre, l'arc paraitra dans la nue ; et je me souviendrai de mon alliance entre moi et vous et tous les êtres vivants, de toute chair, et les eaux ne deviendront plus un déluge pour détruire toute chair. L'arc sera dans la nue ; et je le regarderai, pour me souvenir de l'alliance perpétuelle entre Dieu et tous les êtres vivants, de toute chair qui est sur la terre».

Ce passage est très puissant et est toujours vivants ou d'actualité dans le monde où nous vivons aujourd'hui. Il prouve aussi que toute théorie d'évolution est fausse. Toute la terre a été détruite et seul Noé et sa famille ont été sauvés. Après le déluge, l'humanité descend des trois fils de Noé (Genèse 9 : 1).

Genèse chapitre 10 enregistre la généalogie de Sem, Cham, et Japhet, les trois fils de Noé et c'était la nouvelle ère de la race humaine après le déluge.

Dieu est fidèle à l'alliance de l'arc-en-ciel même si le peuple avec lequel Il a fait l'alliance n'est plus vivant. Chaque fois que l'arc-en-ciel apparaît dans le ciel, c'est un rappel à l'homme que Dieu ne détruira pas de nouveau la terre par un déluge. Dans genèse 8 : 21 Dieu dit que l'imagination du cœur de l'homme est mauvaise depuis sa jeunesse. En dépit de ce fait, Dieu ne détruira plus l'humanité.

Certains pourraient lire ce livre et se demander « qu'en est-il des inondations qui détruisent des villes et des gens dans le monde aujourd'hui? Ce n'est pas l'œuvre de Dieu; c'est l'œuvre du diable utilisant une forme de tromperie pour que les gens pensent que Dieu a brisé son alliance avec l'humanité.

(Genèse 3 : 15)

> « *Je mettrai inimitié entre toi et la femme, entre ta postérité et sa postérité : celle-ci t'écrasera la tête, et tu lui blesseras le talon* ».

(Apocalypse 12:4)

> « *Sa queue entraînait le tiers des étoiles du ciel, et les jetait sur terre. Le dragon se tint devant la femme qui allait enfanter, afin de dévorer son enfant, lorsqu'elle aurait enfanté* ».

Depuis la naissance de Jésus, la guerre a commencé entre les anges de Dieu et les anges déchus du diable. La manifestation de cette guerre sur la terre reflète et remonte à l'époque du décret faite par le Roi Hérode, quand il donna l'ordre de tuer tous les nouveaux- nés mâles de moins de deux ans. Il réalisa plus tard que les sages l'avaient trompé et que désormais l'enfant serait une menace pour son trône, (Mathieu 2:16).

Jésus a déjà prédit que ces choses se passeront comme les signes de la fin des temps. Il connaît toutes les stratégies de tromperie que le diable utilise pour que le monde pense que Dieu n'est pas réel. Dieu est omniscient, Celui qui connaît toutes choses. Une seule chose est survenue, une guerre entre les deux parties, le royaume de lumière et celui des ténèbres.

La Bible nous conseille à ne pas être ignorant sur les dispositifs de satan qui rôde comme un lion rugissant, cherchant qui il dévorera, il sait que son temps est court et il est plus furieux que jamais. Tout ce qu'il fait c'est de gagner plus de personnes à ses côtés par la tromperie. Peu importe ce qu'il fait, nous avons déjà la victoire sur lui. Il est de notre devoir d'être en état d'alerte. Le combat spirituel par l'intercession peut empêcher certaines destructions dans le monde que nous voyons aujourd'hui.

C'est la volonté de Dieu que le plus grand nombre possible de personnes parvienne à   la connaissance de la vérité et que Son amour pour tout le monde c'est de ne pas   mourir d'une mort inopportune. Avant la plupart de ces circonstances, Dieu vous suscitera pour prier et Il enverra ses anges pour arrêter la destruction.   Nous devons toujours nous rappeler un point-clé : il ne nous revient pas d'arrêter la destruction par notre propre effort. Ce n'est possible que par la puissance de la prière d'intercession.

Quand nous prions, nous confions un ministère aux anges qui effectuent le travail. A partir de cette dernière explication, nous savons pourquoi il y aura des guerres et bruits de guerre, mais au milieu de tout cela, l'évangile, dans toute sa splendeur, sera prêché dans le monde entier avant que la fin des temps n'arrive. Dieu dans Sa patience donnera à chaque être humain l'opportunité de recevoir Jésus comme Seigneur et Sauveur et parvenir à la vie abondante qu'Il leur a promise.

(Mathieu 24 :6-14)

> *Verset 6, « Vous entendrez parler de guerres et de bruits de guerres gardez vous d'être troublés car il faut que ces choses arrivent, mais ce ne sera pas encore la fin.....*
>
> *Verset 14, cette bonne nouvelle du royaume sera prêchée dans le monde entier, pour servir de témoignage à toutes les nations. Alors viendra la fin. »*

(Jean 10 :10)

> *« Le voleur ne vient que pour dérober, égorger et détruire; moi, je suis venu afin que les brebis aient la vie, et qu'elles l'aient en abondance »*

(2 Pierre 3 :9)

> *« Le seigneur ne tarde pas dans l'accomplissement de la promesse, comme quelques-uns le croient ; mais il use de patience envers vous, ne voulant pas qu'aucun périsse, mais voulant que tous arrivent à la repentance ».*

Voilà en quoi consiste la prière d'intercession.

La section suivante décrit des exemples de personnages bibliques qui avaient une relation avec Dieu et ils étaient capables de se tenir sur la brèche pour faire obstacle à   la destruction.

Les gens qui ont intercédé dans l'Ancien Testament

Abraham un homme de foi (Genèse 12)

Un jour Dieu appela Abraham à quitter son pays, sa famille pour un pays qu'il lui montrera. Le Seigneur promit de le bénir et de faire de lui une grande nation. Le verset 4, dit : *« Abraham partit, comme l'Eternel lui avait dit ».* Abraham a obéit à Dieu en faisant un pas de foi, n'ayant aucune idée ou indice ou il allait ; mais croyant que   Dieu allait lui montrer l'endroit. Le point important dans ce passage est d' avoir foi   en Dieu avant de pouvoir avoir une relation avec Lui.

(Hébreux 11:6)

> *« Mais sans la foi il est impossible de Lui être agréable ;car il faut que celui qui s'approche de Dieu croie que Dieu existe, et qu'il est le rémunérateur de ceux qu le cherchent. »*

(Genèse 15 :6)

> *« Il stipule qu'Abraham crut en l'Eternel et il lui fut crédité de justice. »*

Le premier verset explique que la seule façon de venir à Dieu c'est de croire qu'Il existe. La croyance d'Abraham en Dieu lui fut imputée à justice. Le premier pas pour avoir une relation intime avec Dieu c'est d'avoir foi en Lui. Abraham est devenu le père de la foi. Jésus à même dit d'une femme qu'elle était la fille d'Abraham.

L'intercession d'Abraham pour Sodome et Gomorrhe (Genèse 18)

Maintenant nous savons qu'Abraham est l'ami et le serviteur de Dieu. En raison de sa foi et son obéissance à Dieu il fut capable par conséquent d'établir une relation intime avec Dieu.

Le péché de Sodome et Gomorrhe était si intense que Dieu a vu ce qui se passait avant qu'Il ne décida de détruire la ville. Ces trois invités célestes venaient de finir de parler à Abraham (père de plusieurs nations) et il les conduisit à leur sortie de la ville. Abraham n'avait aucune idée de leur prochaine étape.

(Genèse 18:17)

> *Et le Seigneur dit: «Vais-je cacher à Abraham (mon ami et serviteur) ce que je vais faire ?*

Le Seigneur a promis de bénir toutes les nations de la terre par Abraham. Ils ont également eu une relation avec Dieu et donc Dieu ne pouvait cacher cela à Abraham sachant qu'il avait des parents là-bas. Les anges célestes ont expliqué à Abraham ce que le Seigneur allait faire. Abraham se mit à intercéder, plaidoyer en faveur des justes dans la ville afin de sauver la ville. Abraham a plaidé pour cinquante jusqu'à dix personnes justes. Dieu savait qu'Abraham avait des parents dans cette ville, il lui a permit de plaider en leur faveur afin qu'ils ne soient pas détruits avec les injustes.

Mais le Seigneur a dit : « S'il a trouvé une dizaine de personnes justes Il permettra de sauver la ville ». C'est la première forme d'intercession dans la

Bible; si Abraham n'avait pas de relation avec Dieu il n'aurait pas eu cette bravoure à plaider pour la justice. Mais Dieu a permis à Abraham d´ avoir sa voie dans la plaidoirie. Demandant à Dieu s'il épargnerait la ville pour cinquante puis quarante-cinq, jusqu'à dix. Notre Dieu est vraiment un Dieu patient. La famille Lot a été sauvée, grâce à l'intercession d'Abraham pour la ville. Quand les anges célestes se sont présentés à Loth et lui dirent ce qu'ils étaient venus faire, ils lui donnèrent encore l'opportunité de chercher ses proches dans la ville afin qu'il puisse les prendre avant qu'ils ne détruisent l'endroit.

Les anges ont beau dire à Loth de se dépêcher, il était si lent ; alors ils ont dû le traîner hors de la ville. Les anges ne pouvaient rien faire afin que Lot et les siens ne soient en sécurité. Ce fut une surprise, quand il sortit pour appeler ses beau-fils, ils ne l´écoutèrent point, croyant qu'il plaisantait. Les anges célestes laissèrent Loth choisir le lieu où il voulait aller, ils n'ont pas détruit la ville où il partit. Mais sa femme s'est retournée et a été transformée en statue de sel. Dieu est toujours le même hier, aujourd'hui et éternellement ; Sa miséricorde et Sa bonté durent à toujours. Par notre relation avec Lui, Il ne nous cachera pas tout danger qui est sur le point de venir. Il nous exposera les stratégies de l'ennemi : Le point clé, c'est quand nous entendons la voix de Dieu, nous devons l'écouter et être obéissant à ce qu'Il nous demande de faire.

(Amos 3 :7)

> *« Certes, le Seigneur ne fera rien sans révéler son secret à ses serviteurs les prophètes »*

Dieu peut vous appeler à tout moment spécifique pour prier, Il ne vous cachera rien. Le Saint Esprit est là pour vous guider dans toute la vérité et vous révéler les choses à venir (Jean 16 :13). Dieu n'aurait pas pu sauver la famille de Loth si Abraham n'avait pas intercédé. Abraham savait que Dieu devait punir le péché, mais il savait aussi par expérience que Dieu était miséricordieux pour les pécheurs. Loth et sa famille ont été sauvés à cause de l'intercession d'Abraham. Ceci est l'effet puissant de la prière d'intercession dans le monde actuel. Nous sommes dans l'ère de grâce et de miséricorde: le temps de jugement définitif sur le monde est encore à venir (chapitre Malachie 4).

L'intercession de Job pour ses amis
Qui est Job ?

(Job 1 :1)

> *« Il y avait un homme dans le pays d'Uts dont le nom était Job; et cet homme était intègre et droit, et craint Dieu et s'est abstenu du mal et fui le mal [car le mal n'était pas bon]».*

> *« Il y avait dans le pays d'Uts un homme qui s'appelait Job. Et cet homme était intègre et droit ; il craignait Dieu, et se détournait du mal. »*

Les saintes écritures l'ont qualifié comme étant un homme riche qui avait une grande famille. Il était un homme pieux et il a enseigné ses enfants à être justes devant Dieu. Il faisait des sacrifices au nom de ses enfants, dans le cas où ils auraient péché contre Dieu dans leur cœur, il le faisait régulièrement. Cela suffit pour nous montrer qu'il avait une relation significative avec Dieu. Or, un jour, le diable alla devant Dieu lui faisant savoir que la seule raison pour laquelle Job était encore en communion avec Dieu c'était à cause de sa richesse. Après ce temps, Dieu a permis que Job passe par l'épreuve du temps pour prouver sa foi en Lui. Dieu savait déjà que Job ne le maudirait jamais. Job passa une période de longue souffrance et perdit toutes sa richesse mais il reconnaissait toujours la souveraineté de Dieu. Assurément Job avait une relation forte avec Dieu qu'il n'était même pas conscient de l'existence du diable qui vient que pour détruire, voler et tuer (Jean 10 : 10) Il savait que le

Dieu qui donne peut aussi reprendre.

(Job 1 :20-22)

> *« Alors Job se leva, déchira son manteau, se rasa la tête, puis se jetant*
> *par terre, -il se prosterna; je suis sorti nu du sein de ma mère, et nu*
> *je retournerai dans le sein de la terre-L'Eternel a donné, et le l*
> *Eternel a ôté; que le nom de l Eternel soit bénit.*
>
> *Dans toute cette situation, Job n'avaient pas péché, ni inculpé Dieu*
> *follement ».*

et dit : Je suis sorti nu du sein de ma mère, et nu je retournerai dans le sein de la terre. L'Éternel a donné, et l'Éternel a ôté ; que le nom de l'Éternel soit béni !

Assurément Job avait une relation solide avec Dieu qu'il n'était même pas conscient de l'existence du diable qui vient que pour détruire, voler et tuer (Jean 10 : 10)

Les amis de Job

Toute la ville fut au courant de ce qui était arrivé à Job. Ensuite, trois de ses amis ont accepté de lui rendre visite et de pleurer avec lui. Quand ils ont vu dans quel état épouvantable Job se trouvait, ils l'ont méjugé en disant qu'il devait avoir commis un grand péché devant Dieu et qu'il était puni. Ils ont essayé de le convaincre de confesser son péché et de se repentir. En tout, Job a nié toutes fautes répréhensibles mais a gardé sa confiance en Dieu. Il a également reconnu Dieu comme son témoin, son avocat et son intercesseur, il s'en est remis entièrement à Dieu pour sa restauration. C'est la personnalité d'un homme humble.

(Job 13 :15)

Quand même il me tuerait, espérerais en lui. Mais, devant lui, je veux défendre ma conduite [BDS]

Les amis de Job ont été connus pour être des hommes de sagesse, mais envers lui, ils n'avaient aucune sagesse. Dieu a parlé à l'un de ces soi-disant amis nommé Elaphaz, il lui a exprimé sa colère et envers les deux autres parce qu'ils ne parlaient pas de lui comme Job l'avait fait. Alors le Seigneur leur a donné ces instructions:

(Job 42:8)

> *« Prenez maintenant sept taureaux et sept béliers, allez auprès de mon serviteur Job, et offrez pour vous un holocauste. Job mon serviteur, priera pour vous, et c'est par égard pour lui seul que je ne vous traiterai pas selon votre folie ; car vous n'avez pas parlé de moi avec droiture, comme l'a fait mon serviteur Job. »*

Ils ont fait comme il leur a ordonné, et Dieu a répondu à la prière de Job.

La prière de Job pour ses amis était une sorte d'intercession. Job avait agit en tant que sacrificateur royal comme dans les jours d'autrefois. Les gens apportaient des sacrifices au sacrificateur afin de prier dessus, le sacrificateur devait être juste devant le Seigneur, sinon les sacrifices ne seraient pas agréés et il pouvait être tué sur le coup. Mais parce que Job était un homme pieux devant Dieu et qu'il a persévéré dans le temps de la souffrance (Jacques 5:11), et l'a encore reconnu.

Il était capable de se tenir sur la brèche pour ses amis. Sinon ils auraient été tués par la colère du Seigneur. Un facteur clé pour cela c'est aussi le pardon de Job envers ses amis.

La preuve de son pardon envers ses amis était son obéissance à prier sur leur sacrifice. Après ça Job a été restauré, il a reçu une double portion pour tout le mal qu'il a vécu.

Nous devons savoir, dans nos vies, nous n'avons aucune pièce pour le non-pardon ou la rancune les uns envers les autres sinon nos prières ressemblent au souffle du vent. Job a prouvé sa relation avec Dieu.

Moïse, le plus grand intercesseur dans l'Ancien Testament

Moïse était le prophète hébreu choisi par Dieu pour délivrer les Israéliens de l'esclavage des égyptiens. Il est devenu leur chef et le législateur pendant leurs années d'errance dans le désert. Moïse était en déplacement entre la nation d'Israël et Dieu. Il a dû plaider en faveur de leurs demandes et de plaintes devant Dieu. Dieu, de son côté a délivré son message à son peuple au travers de Moïse.

La naissance de Moïse comparée à celle de Jésus

Avant de nous pencher sur leur naissance, examinons leur nom. Moïse en Hébreux signifie; « établi » tandis qu'en égyptien cela signifie, « doit naître », « un enfant ou un fils ». Si vous reliez ensemble les deux significations, vous obtiendrez, « un enfant mis a part ». Jésus ou « Iesous » d'autre part signifie le Seigneur, le salut. Les deux avaient un but principal, qui était de délivrer le peuple de Dieu. Les circonstances autour de la naissance de Moïse ont été similaires à celles de la naissance de Jésus, l'intercesseur et le médiateur dans le Nouveau Testament.

Il est intéressant de noter le parallèle historique du temps de la naissance de Moïse et la naissance miraculeuse de Jésus.

Comparaison des circonstances autour de leur naissance et expérience de vie

1. Leur naissance

- La naissance de Moïse

Moïse était né à l'époque où Pharaon, le souverain d'Egypte avait donné l'ordre que les bébés mâles hébreux ne devraient pas vivre. Ils étaient une menace pour son autorité parce que les Israélites étaient plus productifs que les Egyptiens. La mère de Moïse a fabriqué un panier en osier pour le cacher et la déposé sur le bord du rivage du Nil. Plus tard, une princesse égyptienne qui l'a trouvé, a décidé de l'adopter. (Exode 2)

- La naissance de Jésus

Hérode était le roi des Juifs, lors de la naissance de Jésus, il a ordonné que tous les bébés mâles âgés de deux ans soient tués. Il était obnubilé, il voulait à tout prix tuer Jésus, parce qu'il était une menace pour son trône. Un ange du Seigneur apparut à Joseph en rêve et lui conseilla de fuir de Bethléem en Egypte jusqu'à ce qu'à la mort du roi Hérode, afin de protéger Jésus.

Moïse comme Jésus ont passé les premières années de leurs vies en Egypte

2. Leur leadership (direction)

- Moïse libéra le peuple de Dieu de l'esclavage

Il était leur leader (dirigeant) choisi par Dieu. Ils ne pouvaient chercher Dieu qu'à travers Moïse (Exode 3). Jésus est venu pour nous libérer du joug de la servitude (Galates 5:1). Il est la tête de l'église et nous sommes le corps du Christ. Nul ne vient au Père que par Lui (Jean14: 6).

3. La loi de Dieu

La loi pour gouverner le peuple de Dieu a été donnée à Moïse au travers des dix commandements. Mais la grâce et la vérité sont venues par Jésus-Christ.

(Jean 1 :17)

> *« Car la loi a été donnée par Moïse, la grâce (non acquise, faveur imméritée et bénédictions spirituelles) et la vérité sont venues par Jésus-Christ ».*

Moïse, le libérateur du peuple de Dieu

Moïse a été choisi par Dieu pour libérer les Israélites de l'oppression des Egyptiens, il était maintenant leur chef. Il a toujours eu recours à Dieu pour leurs demandes et leurs plaintes. Moïse représentait dès lors Dieu devant son peuple, les Israélites se sont plaints à Moïse et il a intercédé en leur nom dans le désert quand l'eau était amère, (Exode 15 : 22-27).

Après avoir traversé la mer rouge, ils ont erré pendant trois jours et n'ont pas trouvé de l'eau. Ils sont arrivés dans un lieu appelé Marra et ont constaté que l'eau était amère. Puis ils se sont plaints à Moïse, en disant : qu'allons-nous boire?

(Exode 15 :24-25)

> *« Le peuple murmura contre Moïse en disant : Que boirons-nous ? Moïse cria à l'Eternel ; et l'Eternel lui indiqua un bois, qu'il jeta dans l'eau. Et l'eau devint douce. Ce fut là que l'Eternel donna au peuple des lois et des ordonnances, et ce fut là qu'il le mit à l'épreuve».*

Les Israélites n'avaient pas de relation directe avec Dieu ; par conséquent, ils devaient se plaindre à Moïse qui, maintenant, plaidait en leur faveur à

Dieu. Dieu a transformé l'eau amère en eau douce pour son peuple. Le Seigneur a ensuite fait une promesse à son peuple que s'il lui obéissait, il allait les libérer de tous les fléaux qui viendraient sur les Egyptiens, «*Verset 26b, Il s'est fait connaître comme Jéhovah Rafa, car je suis l'Eternel qui te guérit*»

Dieu a révélé son identité à son peuple (la nation d'Israël) en se donnant un nom à chaque fois, qu'il leur faisait une faveur. Il est aujourd'hui le même Dieu.

Après cet incident, ils vinrent au lieu dit Elim, où il y'avait douze sources et soixante dix palmiers et ils restèrent à proximité des eaux. Marra représentait un peuple de non croyants et plaintifs mais Elim représentait les provisions généreuses de Dieu. Dieu dirigea les pas de Moïse vers Ses provisions généreuses pour son peuple.

Moïse plaide la miséricorde lorsqu'ils péchèrent contre Dieu
(Nombres 21 :6-9)

> *Alors l'Eternel envoya contre le peuple des serpents brûlants ; ils mordirent le peuple, et il mourut beaucoup de gens en Israël. Le peuple vint à Moïse, et dit : Nous avons péché, car nous avons parlé contre l'Eternel et contre toi. Prie l'Eternel, afin qu'il éloigne de nous ces serpents. Moïse pria pour le peuple. L'Eternel dit à Moïse : Faistoi un serpent brûlant et place-le sur une perche ; quiconque aura été mordu, et le regardera, conservera la vie. Moïse fit un serpent d'airain, et le plaça sur une perche ; et quiconque avait été mordu par un serpent, et regardait le serpent d'airain, conservait la vie.*

Les Israelites se sont de nouveau rebellés contre Dieu et Moïse, malgré tous les miracles qu'Il avait fait devant eux. Dieu utilisa des serpents venimeux pour punir le peuple à cause de leur incrédulité et leur plainte et plusieurs d'entre eux moururent. Une morsure par le serpent venimeux signifie une mort lente avec d'atroce souffrance. Le peuple confessa son péché et plaida avec Moïse pour demander à Dieu de chasser les serpents. Il intervint en leur nom.

Dieu dit à Moïse de suspendre un serpent de bronze sur un poteau et quiconque qui sera mordu et qui regardera ce serpent de bronze vivra. Chaque fois qu'ils étaient désobéissants, Dieu leur accordait Sa miséricorde à cause de sa relation avec Moïse. Dieu peut changer une nation entière à cause d'un homme pieux et juste qui élève une bannière de prière. Jésus parla à propos de cet incident dans Jean chapitre trois en le comparant à sa mort sur la croix.

(Jean 3 :14-15)

> *Et comme Moïse éleva le serpent dans le désert, il faut de même que le fils de l'homme soit élevé, afin que quiconque croit lui en ait la vie éternelle.*

Ceux qui furent condamnés à mourir de morsure de serpent vivraient s'ils regardèrent juste le serpent sur le poteau et qu'ils y crurent. De la même façon, notre salut vient à travers Jésus sur la croix et quand nous y croyons nous ne mourons pas mais vivrons éternellement. Les Israélites furent guéris de la morsure de serpent mais nous nous avons été guéris de la mort du péché.

Les sacrifices et les prières de l'Ancien Testament érigés

comme acte d'intercession

(Exodes 30 :7-10)

> *Aaron y fera brûler du parfum odoriférant ; il en fera brûler chaque matin lorsqu'il préparera les lampes ; il en fera brûler aussi entre les deux soirs, lorsqu'il arrangera les lampes C'est ainsi que l'on brûlera à perpétuité du parfum devant l'Eternel parmi vos descendants. Vous n'offrirez sur l'autel ni parfum étranger, ni holocauste, ni offrande, et vous n'y répandrez aucune libation. Une fois chaque année, Aaron fera des expiations sur les cornes de l'autel ; avec le sang de la victime expiatoire, il y sera fait des expiations une fois chaque année parmi vos descendants. Ce sera une chose très sainte devant l'Eternel.*

L'encens était une substance douce et odorante qui était brûlée comme une offrande à Dieu sur l'autel dans le tabernacle. L'objet de cette offrande d'encens était pour honorer Dieu. La fumée de l'encens vers le haut en direction du ciel symbolisait et exprimait les prières du peuple hébreu, qui était considéré comme un arôme agréable offert à Dieu.

(Psaume 141 :2)

> *Que ma prière soit devant ta face comme l'encens, Et l'élévation de mes mains comme l'offrande du soir.*

(1 Timothée 2:8)

> *Paul écrivit à propos de Timothée : « Je veux donc que les hommes prient en tout lieu, en élevant des mains pures, sans colère ni mauvaises pensées. »*

La combustion de l'encens sur l'autel, c'est la même façon quand nous levons les mains saintes pour honorer Dieu, avec juste une intime relation avec Lui ou vivre une vie droite et directe. Le sacrificateur lui-même devait être sanctifié et pratiquer un rite d'offrande de péché avant de brûler l'encens pour honorer Dieu. Jésus , lui-même a dit *: « si donc tu présentes ton offrande à l'autel, et que là tu te souviennes que ton frère a quelque chose contre toi, laisse là ton offrande devant l autel, et va d abord te réconcilier avec ton frère, puis, viens présenter ton offrande. (Mathieu 5 :23-24)*

Le jour du Grand Pardon

Atone (expiez) en hébreu signifie Käpar ou couvrir. Atonement (l'expiation) est l'acte par lequel Dieu restaure sa relation avec son peuple, les Israelites. Depuis la chute, l'homme était rempli de péché tel que Dieu ne pouvait le supporter. Il a donc créé un moyen afin que les péchés du peuple aient été couverts pour qu'ils soient de retour dans la communion avec Lui. Aaron était le premier sacrificateur ; Il était le premier représentant du peuple dans l'accomplissement de ce rituel. Il devait d'abord faire l'expiation pour lui et sa famille en offrant un taureau comme un sacrifice pour le péché afin de se purifier ainsi que sa famille, ou bien il ne sera pas sorti vivant du rituel. Le jour de l'expiation a été la reconnaissance de l'incapacité des gens à faire une expiation pour leurs péchés parce que personne n'était digne d'entrer dans le saint des saints. Le sacrificateur se trouvait être le médiateur entre Dieu et l'homme et a offert le sacrifice du sang et répandit le sang sur le propitiatoire dans le Saint des Saints. Ce fut le seul moment où le sacrificateur pouvait entrer dans le lieu très saint, la salle intérieure du tabernacle. Le jour de l'expiation rappelait que les sacrifices annuels ne pouvaient que couvrir les péchés temporairement. Il a désigné Jésus-Christ comme l'expiation parfaite qui fera disparaître à jamais le péché. Après le dernier cri de Jésus sur la croix, le voile du temple se déchira en deux du haut vers le bas, (Marc 15 :37-38) cela signifiait que le sacrificateur ne ferait plus d'expiation de péché pour nous.

Il est évident que non seulement quelqu'un pouvait accomplir le devoir d'un sacrificateur, mais qu'il devait avoir un style de vie décent, pour que Dieu puisse accepter son sacrifice. Hébreux 4 : 15 dit : "car *nous n'avons pas un souverain sacrificateur qui ne puisse compatir à nos faiblesses ; au contraire, il a été tenté comme nous en toutes choses, sans commettre de péché*". Remercions Dieu pour Jésus qui a remporté la victoire sur la croix, et maintenant, nous n'avons besoin d'aucun sacrificateur pour confesser nos péchés. Hébreux 4 : 16, dit quoi faire «Approchons-nous donc avec assurance du trône de la grâce afin d'obtenir miséricorde et trouver grâce, pour être secourus dans nos besoins ».

> *(1 Pierre 2:9-10), Le message -Vous, au contraire, vous êtes une race élue un sacerdoce royal, une nation sainte, un peuple acquis, afin que vous annonciez les vertus de celui qui vous a appelés des ténèbres á on admirable lumière, vous qui autrefois n'étiez pas un peuple, et qui maintenant êtes le peuple de Dieu, vous qui n aviez pas obtenu miséricorde, et qui maintenant avez obtenu miséricorde.*

Le susdit passage explique tout simplement que Dieu nous a choisis maintenant pour être des sacrificateurs royaux, pour que nous vivions une vie qui lui soit agréable. Ensuite, Il nous donnera la responsabilité de laisser que sa volonté soit faite sur la terre au travers de nous et aussi réconcilier les autres dans le monde a á Lui. (Ministère de la réconciliation).

La prédiction d'Isaïe sur l'intercession de Jésus pour les transgresseurs

(Isaïe 53 :12b) Et il a été compté parmi les transgresseurs Et il a porté les péchés de beaucoup l'intercession Et fait intercession pour les pécheurs. Qu'il a été mis au nombre des malfaiteurs, parce qu'il a porté les péchés de beaucoup d'hommes, Et qu'il a intercédé pour les coupables.

Personne ne peut nous condamner parce que Jésus-Christ qui est mort pour nos péchés et ressuscité le troisième jour, est maintenant assis à la droite de Dieu toujours en plaidoyer ou intercession pour nous. (Romains 8:34-36).

L'INTERCESSION DANS LE NOUVEAU TESTAMENT

Zacharie, le sacrificateur irréprochable

Le premier compte rendu d'intercession écrite dans le Nouveau Testament se trouve dans le premier chapitre du livre de Luc. Zacharie était un sacrificateur du temps du roi Hérode. Sa femme Elizabeth et Lui marchaient de façon irréprochable devant le Seigneur, ils étaient âgés et sans enfants. Alors un jour qu'il était affairé au temple à faire son devoir de sacrificateur.

(Luc 1 :9 & 11-13)

> *Il fut appelé par le sort, d'après la règle du sacerdoce, à entrer dans le temple du Seigneur pour offrir du parfum... Alors un ange du Seigneur apparut à Zacharie et se tint debout à droite de l'autel des parfums. Zacharie fut troublé en le voyant et la frayeur s'empara de lui. Mais l'ange lui dit : Ne crains point, Zacharie ; car ta prière a été exaucée. Ta femme Elisabeth t'enfantera un fils et tu lui donneras le nom de Jean.*

Ceci s'est produit avant la venue de Jésus ; les sacrificateurs brûlaient toujours l'encens dans le temple. Dieu a répondu à la prière de Zacharie parce que lui et son épouse étaient droits devant le Seigneur, non seulement en gardant les lois, mais en menant une vie d'obéissance à Dieu de tout leur cœur. C'était devenu leur style de vie. Un point clé à l'intercession c'est que l'obéissance à la Parole de Dieu dans notre cœur doit être un style de vie. Nous devons également mettre notre foi en Dieu, peu importe les circonstances autour.

JESUS LE MEDIATEUR D'UNE MEILLEURE ALLIANCE

La mort de Jésus sur la croix a été la fin pour les sacrificateurs d'entrer dans le saint des saints (derrière le voile) au nom du peuple, c'était la fin de l'expiation annuelle pour les péchés. Quand Jésus a poussé son cri sur la croix, au même moment le voile dans le temple s'est déchiré en deux, de haut en bas (Marc 15:37-38). Jésus était alors entré dans le lieu très saint, pour nous et donc devenu notre grand sacrificateur suprême et continue d'intercéder en notre faveur. Nous pouvons maintenant venir à Dieu par Jésus-Christ. Il est devenu notre porte ouverte vers le Père. Par sa mort nous avons été réconciliés avec Dieu.

(Hébreux 7 : 22-25)

> *22 Jésus est par cela même le garant d'une alliance plus excellente. De plus il y a eu des sacrificateurs en grand nombre, parce que la mort les empêchait d'être permanents. Mais lui, parce qu'il demeure éternellement, possède un sacerdoce qui n'est pas transmissible. C'est aussi pour cela qu'il peut sauver parfaitement ceux qui s'approchent de Dieu par lui, étant toujours vivant pour intercéder en leur faveur.*

(Hébreux 8 :6)

> *Mais maintenant il a obtenu un ministère d'autant supérieur qu'il est le médiateur d'une alliance plus excellente, qui a été établie sur de meilleures promesses.*

(Romains 8 :34)

> *Qui est celui qui condamne? C'est le Christ qui est mort, et est en outre aussi ressuscité, qui est encore à la droite de Dieu, qui aussi intercède pour nous.*

Ces Écritures saintes expliquent que Jésus intercède toujours pour ceux qui s'approchent de Dieu par Lui. Il est désormais notre avocat. Pas étonnant que les Écritures saintes disent que nous devrions venir avec assurance au trône de la grâce, afin que nous puissions obtenir miséricorde et de trouver grâce, pour nous aider en cas de besoin (Hébreux 4 : 16). La miséricorde est l'aspect de l'amour de Dieu qui le pousse à aider les malheureux ou lorsque nous ne parvenons pas, tout comme la

Grâce est l'aspect de son amour qui le fait pardonner le coupable. La grâce est la faveur imméritée, parce que nous ne la méritons pas.

Jésus intercède pour Pierre

(Luc 22 :31-32)

> *Le Seigneur dit : Simon, Simon, Satan t'a réclamé, pour te cribler comme le froment.*

> *Mais j'ai prié pour toi, afin que ta foi ne défaille point ; et toi, quand tu seras converti, affermis tes frères.*

Jésus savait que Satan voulait écraser Pierre comme les grains de blé. Jésus intercéda pour lui et lui assura que sa foi vacillerait, mais elle ne serait pas détruite. Elle sera renouvelée et Pierre deviendra un puissant leader dans le royaume de Dieu. Dans Mathieu 16 : 18 Jésus a aussi dit à Pierre que, sur cette pierre qu'il bâtirait son Église et les portes du séjour des morts ne prévaudront pas contre elle. Le rocher se réfère à Pierre comme un grand leader et un précurseur des 12 disciples. Il a également été le premier à témoigner devant la foule le jour de la Pentecôte.

Grâce à l'intercession de Jésus pour Pierre, il est devenu un témoin audacieux et beaucoup ont été sauvés grâce à son message de repentance

Jésus intercède pour ses disciples et les croyants à venir

Avant que Jésus ne soit arrêté pour achever sa mission sur terre, Il a d'abord prié pour lui afin d'être restauré dans la position glorieuse qu'il possédait avant la création du monde (Jean 17 : 1-5). Ensuite, Il a prié pour ses disciples et les futurs croyants, afin qu'ils soient un comme Lui et le Père sont un. Sachant que Jésus a intercédé pour nous, cela devrait nous donner la confiance qu'il nous avait déjà à l'esprit et que nous pouvons donc travailler dans son royaume de tout cœur.

Ceci est un résumé de l'intercession de Jésus au Père

(Jean 17 : 6-25)

1. Il a intercédé pour tous les croyants et non pour les pécheurs.
2. Que Dieu doit les protéger par la puissance de son nom (Jésus).
3. Que les disciples soient unis dans l'harmonie et l'amour, comme Lui et le Père sont un.
4. Ne pas les enlever du monde, mais de les protéger du mal. Jésus veut que nous soyons la lumière du monde (Matthieu 15 : 13-16) et que nous reflétions sa gloire.
5. Les sanctifier avec la vérité, qui est la Parole de Dieu. Une application quotidienne de la Parole de Dieu a un effet purifiant dans nos cœurs.

Il souligne notre péché, nous motive à les confesser et renouvelle notre relation avec Christ.

6. Jésus a prié aussi pour les croyants futurs, vous et moi. Cela devrait nous donner la confiance alors que nous travaillons dans son royaume, qu'il nous avait déjà dans sa pensée.

7. Son plus grand désir était que ses disciples et les croyants à venir deviendraient un et comme un puissant témoignage de l'amour de Dieu comme Lui et le Père sont un. Nous pouvons être le corps de Christ unifié, priant pour tous les chrétiens du monde entier en exprimant notre amour les uns envers les autres). La prière de Jésus pour l'unité parmi les croyants a été fondée sur l'unité des croyants avec Lui et le Père. Les chrétiens peuvent observer l'unité entre eux, s'ils vivent en union avec Dieu. Par exemple avoir une relation ensemble indépendamment du nom et de la dénomination de l'église.

La chose la plus importante c'est que nous croyons, que nous sommes un seul corps en Christ, un seul Esprit, une seule espérance, avons un seul Seigneur, une seule foi, un seul baptême, un seul Dieu et Père de tous. (Ephésiens 4 : 1-6)

Intercession faite par le Saint-Esprit au travers de nous

(Romains 8:26-27)

De même aussi l'esprit nous aide dans notre faiblesse, car nous ne savons pas ce qu'il   convient de demander dans nos prières. Mais l'Esprit lui-même intercède par des soupirs inexprimables.

Et celui qui sonde les cœurs connaît la pensée de l'esprit, parce que c'est selon Dieu qu'il intercède en faveur des saints.

L'Esprit Saint est toujours là pour intercéder pour nous, quand nous ne savons pas quoi dire. Il priera la volonté parfaite de Dieu pour nous, parce qu'Il ~~sait~~ connaît tout de nous et sait donc ce qu'il faut prier à travers nous et en nous. Le Saint-Esprit connaît la volonté du Père; tout ce qu'il cherche c'est un vase prêt par lequel il peut libérer la volonté de Dieu sur la terre. C'est pourquoi la prière en langues est importante parce que nous libérons la volonté du Père par le Saint-Esprit en nous.

Je crois que ce chapitre vous a révélé l'importance de votre relation authentique avec Dieu par la fidélité et l'obéissance à Sa Parole. Quand vous avez une relation intime avec Dieu, il vous révèlera sa volonté et sa pensée, mais il a besoin de votre coopération, et ainsi vos prières d'intercession auront un effet puissant dans le monde dans lequel nous vivons aujourd'hui.

LE MOT «PUISSANCE» DANS L'INTERCESSION

Nous avons tous reçu le salut par la foi, comme un don gratuit de Dieu. Notre puissance et autorité au nom de Jésus sont venues avec notre contrat global du salut et le baptême dans le Saint-Esprit. Il existe plusieurs traductions en grec du mot, « **puissance** », mais nous nous concentrerons sur ces deux là ;

Utilisé comme nom

Exousia: il désigne «la liberté d'action, le droit d'agir", utilisé de Dieu, elle est absolue, sans restriction, par exemple, Luc 12 : 05 («l'autorité»), dans Actes 1 : 7-8 "droit de disposition;» est ce qui est mis en accusation; utilisé des hommes, l'autorité est déléguée.

Utilisé comme verbe

Eousiazo; «exercer l'autorité" est utilisé à la voix active, Luc 22 : 24-25, "avoir l'autorité" ("exercer l'autorité" LSG) utilisé dans le passif 1 Corinthiens 7 : 04 (deux fois dans les relations conjugales et les conditions).

* Une des vues sur la question de la puissance dans l'Écriture, c'est qu'elle a été confié à ceux qui, en devenant croyants, « ont été habilité" par l'Esprit de Dieu, et à partir de maintenant qui demeure par lui et l'exercera pour la gloire de Dieu. [Sic] (Le dictionnaire des vignes complète le descriptif.)

La traduction anglaise de la puissance, est la capacité ou la force pour exercer une activité ou un acte. Tandis que l'autorité c'est pour faire quelque chose, en particulier pour donner des ordres et de voir que ces ordres sont suivis, il met l'accent sur la légalité et le droit de faire quelque chose de plus que le physique nécessaire pour accomplir cette tâche.

Il existe deux formes basiques de l'autorité :

(1) autorité intrinsèque; appartenance à une nature essentielle.

(2) l'autorité dérivée; donné à l'un pour l'autre.

Le rapport du mot «puissance» avec Intercession

Comme nous l'avons précédemment défini, l'intercession c'est la recherche de la présence de Dieu pour autrui. Selon la définition tant grecque qu'anglaise du mot « Puissance », en tant que croyants, Dieu nous a donné le droit d'agir ou de déléguer l'autorité pour lui adresser une pétition pour'autrui. Il pourrait être pour le compte d'une nation, des autorités, et du pécheur. La manifestation de cette puissance pourrait être libérée au travers de nous sous diverses formes, comme dans la prière, la louange, l'adoration, la hardiesse spirituelle de déclarer la parole de Dieu ou par des miracles.

Comment pouvez-nous manifester cette puissance ?

La puissance manifestée par la parole de Dieu

(Isaïe 55 :11)

Ainsi en est-il de ma parole, qui sort de ma bouche :

Elle ne retourne point à moi sans effet, sans avoir exécuté ma volonté
Et accompli mes desseins.

(Hébreux 4 :12) le message

Dieu est sérieux avec sa parole. Ce qu'il dit s'accomplit. Sa Parole est puissante, tranchante comme un scalpel de chirurgien, coupant tout ce qui constitue doute ou blocage, nous amenant à l'écouter et à l'obéir. Rien ni personne n'est insensible à la Parole de Dieu. Nous ne pouvons pas y échapper, quoi qu'il en soit.

Nous savons que Dieu a créé l'univers en prononçant la parole, sa parole est puissante, tout ce qu'il appelle doit être ainsi, partout où il envoie sa parole, elle y va. La Parole divise ou fait une distinction entre le bien et le mal ; expose clairement les désirs et les intentions de notre cœur. Nous sommes libres de faire un choix moral dans la vie. Nous manifestons la puissance en Sa parole en étant obéissante à ce qu'il dit.

Le Saint Esprit nous donne l'autorité légale pour déclarer la parole de Dieu au nom de Jésus

(Actes 1:1-8) Après que Jésus fut ressuscité des morts, il apparu à ses disciples et leur ordonna de ne pas quitter Jérusalem, mais d'attendre d'être baptisés par le Saint Esprit. Après avoir été baptisés, ils ont reçu la puissance pour devenir des témoins efficaces de Christ á Jérusalem et jusqu'aux extrémités de la terre. En tant que croyants, nés de nouveau et baptisés dans le Saint-Esprit, Il nous donne la puissance ou l'autorisation légale de parler la

Parole de Dieu en son Nom. Il est regrettable qu´en cette ère de l'église, nous avons encore des chrétiens nés de nouveau qui ne croient pas dans le baptême du Saint Esprit parce qu'ils n'ont pas la compréhension de son concept. Cela engendre beaucoup de croyants impuissants dans le corps de Christ ; c´est la raison pour laquelle nous avons plus de croyants poltrons qu´audacieux.

Nous avons reçu la hardiesse spirituelle pour surmonter la peur

2Timothée 1:7, dit: «Car ce n 'est pas un esprit de timidité que Dieu nous a donné, mais un esprit de force, d´amour et de sagesse »

Nous ne sommes pas effrayés. Nous avons reçu un esprit plein de puissance, d'amour et une raison saine ou la vigilance spirituelle. Rien n'est censé nous surprendre inconsciemment si nous sommes sur nos gardes. La hardiesse spirituelle vient du Saint Esprit et cela nous aide à surmonter la peur. Paul a expliqué aux Romains qu'il y´a une vie nouvelle par l'Esprit, « Romains 8 : 15 « dit : " Et vous n'avez point reçu un esprit de servitude, pour être encore dans la crainte, mais vous avez reçu un esprit d'adoption, par lequel nous crions « Abba ! Père !». Il utilise l'adoption ou la "filiation" pour illustrer notre nouvelle relation avec Dieu et donc il nous a donné le droit d'hériter tout ce qui Lui appartient par l'Esprit Saint.

Dans l'Ancien Testament, il n'y avait pas encore le baptême dans l'Esprit Saint, mais tout de même, les prophètes et le peuple que Dieu a voulu utiliser pour répandre Sa parole, l´ont vu descendre sur eux. Aujourd´hui, nous l'avons sur nous et en nous ; merci Jésus. (Jean 14:17)

Les éléments prouvant que nous sommes enfants de Dieu et

revendiquer notre héritage

(Ephésiens 1 :13-14)

> *En lui vous aussi, après avoir entendu la parole de la vérité, l'Evangile de votre salut, en lui vous avez cru et vous avez été scellés du Saint Esprit qui avait été promis, lequel est un gage de notre héritage, pour la rédemption de ceux que Dieu s'est acquis, á la louange de sa gloire..*

Le Saint Esprit est le sceau que nous appartenons à Christ et nous avons le droit à notre filiation, tout ce qu'Il nous a promis est manifesté dans notre vie, par notre obéissance à l'Esprit Saint.

Exemples du Saint Esprit qui descend sur les gens dans l'Ancien Testament

(Nombres 11 :25)

> *L'Eternel descendit dans la nuée, et parla à Moïse; il prit de l'Esprit qui était sur lui et le mit sur les soixante-dix anciens. Et dès que l'Esprit reposa sur eux, ils prophétisèrent; mais ils ne continuèrent pas.*

Ce chapitre parle de Moïse, quand il a choisi les soixante-dix anciens d'Israël. Dieu a placé l'Esprit qui était sur Moïse sur les soixante-dix, qu'Il a choisis. Ce fut un signe pour montrer à Moïse que Dieu les avait acceptés et ils avaient l'autorité pour être les anciens ou des leaders sur le peuple.

Voici quelques autres exemples de peuple de Dieu dans l'Ancien Testament sur lequel le Saint-Esprit vint.

Dieu suscite un juge sur Israël, L'Esprit du Seigneur vint sur lui, et il jugea Israël, (Juges 3 : 10).

David a déclaré: «L'Esprit du Seigneur parle par moi, et sa parole est sur ma langue» (2 Samuel 23 : 2).

Ezéchiel a confirmé : "l'Esprit est entré en moi quand il s'adressait à moi" (Ezéchiel 2 : 2)

Il a également promis de donner un nouveau cœur au peuple de Dieu: «Je mettrai mon Esprit en vous, et je ferai en sorte que vous suiviez mes ordonnances et que vous observiez et pratiquiez» (Ezéchiel 36 : 27)

Joël a prophétisé que dans les derniers jours, Dieu va répandre son Esprit sur toute chair et nous allons tous prophétisés (Joël 2 : 28)

Si tous ces passages et beaucoup d'autres ont pu être trouvés dans l'Ancien Testament, combien plus peut-on lire de la manifestation de l'Esprit Saint dans le livre des Actes et par tout croyant qui décide de prendre la bonne décision à se faire baptiser dans l'Esprit Saint. Le jour de la Pentecôte, Pierre se leva dans la hardiesse du Saint-Esprit pour prêcher le premier message du salut et du Baptême du Saint esprit. Il a souligné que le Saint-Esprit est un don de Dieu promit pour vous et vos enfants et pour tous ceux qui sont au loin, (Actes 2 : 38-39). Cet événement réel a accompli la prophétie de Joël 2 : 28.

LA PUISSANCE DE LA PRIERE

Dieu a utilisé Élie comme un intrépide pour le jugement à l'encontre d'Israël,

(1 Rois chapitre 17 & 18)

Dieu a utilisé Élie comme un audacieux pour le jugement a l'encontre d'Israël, lorsque Jézabel, l'épouse d'Achab, a dérouté le peuple pour adorer une idole appelée Baal. Élie représentait Dieu dans une démonstration de force avec les prêtres de Baal, (1Rois 18 : 36-38); Il s'agissait de montrer sa puissance et sa force en Israël. Les adorateurs de Baal croyaient que Baal était le Dieu de la pluie et le pourvoyeur de la récolte abondante. Elie dit aux adorateurs de Baal qu'il n'y aurait pas de pluie pendant trois ans et demi, à moins qu'il ne dise à Dieu, de faire tomber à nouveau la pluie, (1 Rois 17 et 18); Plus tard, Elie a prié sept fois et il plu de nouveau.

Cela nous montre que l'intercession peut être pour ou contre quelque chose. La première partie de son intercession était contre, quand il a demandé à Dieu de fermer le ciel pour qu'il ne pleuve pas pendant trois ans et demi et il n'y avait pas eu de pluie sur la terre pendant trois ans et demi. Il a prouvé au roi Achab que son Dieu est le Dieu d'Israël et le Dieu de la pluie. Il a utilisé la puissance de la prière pour déclarer ces mots et ce fut ainsi.

L'effet positif de la prière d'Elie était quand il a demandé à Dieu de brûler son sacrifice sur lequel l'eau a été versée trois fois. Le Seigneur exauça sa prière en envoyant le feu pour brûler le sacrifice.

Après l'épreuve de force de Baal au Mont Carmel, Elie a convaincu le roi qu'il y aurait de la pluie sur la terre à nouveau. Alors il monta sur le mont Carmel et a intercédé pour s'assurer que cela se passera. Il s'accroupit et mit son visage entre ses genoux et demanda à son serviteur de scruter le ciel s'il voyait un nuage qui serait un signe. Le serviteur vérifia le ciel sept fois avant de voir finalement l'apparition d'un nuage aussi petit qu'une main d'homme. Ce fut le signe que Dieu avait répondu à sa prière. Après tout ceci la puissance de l'Éternel descendit sur Elie, c'était une force

surnaturelle si bien qu'il était capable de courir plus vite que le char d'Achab sur le chemin du retour avant que ne tombe la tempête. Il s'agit de la même puissance qui est à notre disposition aujourd'hui. Elie a été ainsi mentionné dans le Nouveau Testament au sujet de ses instantes prières à Dieu.

(Jacques 5 : 17-18)

Elie était un homme de la même nature que nous : il pria avec insistance pour qu'il ne plût point, et il ne tomba point de pluie sur la terre pendant trois ans et six mois. Puis il pria de nouveau, et le ciel donna de la pluie, et la terre produisit son fruit.

Les prières d'Elie ont été fidèles et puissantes. En obéissant à Dieu, il a été en mesure de voir s'accomplir la parole de Dieu prononcée par lui; Au verset 18, Jacques exhorte les chrétiens à intercédé pour le retour des rétrogrades. Le corps des croyants doit être un exemple du ciel sur la terre qui attire les gens à Christ par amour pour Dieu et pour l'un et l'autre. Dans Ézéchiel 33 : 11, on dit «Dieu ne prend pas plaisir à la mort du méchant, à moins qu'il se détourne de sa mauvaise conduite ». *Dis-leur : je suis vivant ! dit le Seig…; et pourquoi mourriez-vous, maison d'Israël ?* Dans Actes 3 : 19, dans le sermon de Pierre au sujet de la repentance, il dit aux gens de se repentir de leurs péchés et d'être convertis parce que Dieu est prêt à les laver de leurs péchés et d'apporter un rafraîchissement spirituelle dans leur vie.

La prière d'intercession de Moïse pour le roi Pharaon

(Exodes 8 :28,30-31)

Alors Pharaon dit: «Je vais vous laisserai aller, pour offrir à l'Éternel, votre Dieu, des sacrifices dans le désert; seulement, vous ne vous éloignerez pas, en y allant. Prier pour moi. Moïse sortit de chez Pharaon, et il l'Éternel. Et l'Éternel le fit ce que demandait Moïse; et les mouches s'éloignèrent de Pharaon, de ses serviteurs et de son peuple. Il n en resta pas une. »

Le fléau de mouches est la quatrième plaie que Dieu avait envoyée en

Egypte. Pharaon refusait toujours de laisser partir les Israélites, et voulait cependant faire un compromis. Il demanda à Moïse d'intercéder pour lui, de sorte que le fléau cesse. Alors Moïse intercéda pour le compte de Pharaon, le Seigneur fit cesser toute sorte de plaie, mais pharaon ne les laissa toujours pas partir. Le point clé ici est : bien que pharaon ne croyait pas le Dieu d'Israël, Moïse a pu intercéder en sa faveur et Dieu exauça sa prière. Cela vaut pour nous aussi, lorsque nous prions au nom d'une personne ou d'une nation qui ne connaît pas Dieu. Il répondra à nos prières afin que Sa volonté soit faite au travers de nous pour eux. Il a juste besoin de quelqu'un qui utilise Sa parole en leur faveur.

La prière puissante des croyants

(Actes 4 :24 & 31)

> *Lorsqu' ils l'eurent entendu, ils élevèrent á Dieu la voix tous ensemble et dirent ;: O Souverain Seigneur, toi qui as fait le ciel et, la terre et la mer et tout ce qui s'y trouve.*

> *Quand ils eurent prié, le lieu où ils étaient assemblés trembla ; et ils furent tous remplis du Saint-Esprit, et ils annonçaient la parole de Dieu assurance*

Après que Pierre et Jean aient été libérés, ils sont retournés vers les siens et leurs ont fait un rapport et ils élevèrent la voix d'un commun accord, louant Dieu et Lui demandèrent plus d'hardiesse pour prêcher la parole. Alors qu'ils priaient, le lieu fut secoué et ils ont été remplis du Saint-Esprit. C'était comme un nouveau remplissage du Saint Esprit. Leur demande était pleine d'audace, qui vient de la puissance du Saint-Esprit, l'effet secouant de la place, montre à quel point ils ont été remplis du Saint Esprit ce jour-là. L'après effet était que maintenant ils parlaient de la Parole de Dieu avec plus d'hardiesse, de courage et de liberté. Alors que juste avant ils avaient été battus pour la même action.

La prière par le Saint Esprit libère la Puissance de Dieu en nous pour accomplir Sa volonté. C'est une Puissance surnaturelle qui ne peut être contrôlée par la capacité humaine. Il est très important de prier assez, jusqu'à ce que nous soyons capables de libérer la Puissance de Dieu en nous pour accomplir Sa volonté.

L'IMPORTANCE DE L'ADORATION DANS LA PRIERE COMME ETANT UN STYLE DE VIE

L'adoration est un sujet important que chaque intercesseur devrait comprendre. Lorsque vous avez un aperçu sur l'adoration, il vous donnera le sens de la direction dans la prière et dans votre marche quotidienne avec Dieu. Ce sujet dans le corps du Christ n´est pas traité dans sa plénitude. Quand les gens parlent d'adoration, ils la considèrent seulement comme un point de vue de la louange. Il a un sens plus profond que cela. En effet, lorsque vous avez une bonne compréhension de l'adoration, c'est un style de vie. L'adoration provient du vieux mot anglais »whorthship » mot qui désigne la dignité de celui qui reçoit l'honneur spécial ou de dévotion.

Dieu a insisté sur le culte d'adoration à la fois dans l'Ancien et le nouveau Testament. Après que les Israélites aient quitté l'Egypte, Dieu donna des instructions à Moïse sur la façon de construire le tabernacle où Il résiderait avec eux et établirait les formes et les principes fondamentaux pour qu'ils puissent l'adorer à cet endroit-là. (Exode 25-31 et 35-40).

Dans le Nouveau Testament, l'adoration est centrée sur l'œuvre du salut par Jésus-Christ. La vraie adoration est inspirée par notre obéissance à l'Esprit Saint. (Jean 4:23-24)

(Jean 4 :23-24)

> *Mais l'heure vient, et elle est déjà venue, ou les vrais adorateurs adorent le père en esprit et en vérité ; car ce sont là les adorateurs que le père demande. Dieu est Esprit, et il faut que ceux qui l'adorent, l'adorent en esprit et en vérité.*

L'adoration peut être décrite comme un acte pour exprimer la révérence, la louange et la dévotion à Dieu

Nous parlerons en détail de ces composants d'adoration avec des références à la prière et aussi comme un style de vie.

LA RÉVÉRENCE

La révérence est un sentiment de crainte et un respect profond envers Dieu. En raison de sa majesté et de sa sainteté, il suscite un sentiment de vénération de ceux qui l'adorent et le servent. En tant que croyants, indépendamment de qui est autour de nous, nous devrions toujours avoir un esprit pour faire ce qui est juste. Nous savons que Dieu est omniprésent ; Il voit tout et sait tout. Nous exprimons la révérence à Dieu lorsque nous avons une conscience pieuse pour toujours faire ce qui est juste, sans tenir compte de qui nous regarde. Nous nous soumettons à l'autorité en étant obéissant à ce que l'on nous dit de faire. Ephésiens 5 : 21 dit, nous devrions nous soumettre les uns aux autres dans la crainte de Christ, de la même manière que Christ a soumis sa volonté au Père par sa mort sur la croix pour nous. Soumission à l'autre un exemple de respect pour Christ. La révérence à Dieu s'exprime aussi bien dans l'Ancien que dans le Nouveau Testament. Dans l'Ecriture ci-dessous Dieu appelle les Israélites ensemble pour lui donner la révérence.

Moïse rappelle au peuple de Dieu à la révérence

(Deutéronome 4 :10)

Souviens-toi du jour où tu te présentas devant l'Éternel, ton Dieu, à Horeb, lorsque l'Éternel me dit : Assemble auprès de moi le peuple ! Je veux leur faire entendre mes paroles, afin qu'ils apprennent á me craindre tout le temps qu'ils vivront sur terre ; et afin qu'ils les enseignent á leurs enfants.

Moïse a réunit les Israélites afin de leur rappeler leur engagement à la loi de Dieu au mont Sinaï. Ils ont simplement entendu Dieu parler. Ils étaient alors prêts à lui obéir avec respect et de retour l'enseigner à leurs enfants. Il en va de même pour nous. En tant que croyants, aujourd'hui, nous devons comprendre que l'obéissance à la parole de Dieu est un signe de respect pour lui. Il est aussi de notre responsabilité d'enseigner à nos enfants la parole de Dieu et de laisser un héritage de l'autorité de Dieu dans nos maisons. Trop souvent, nous avons permis à la société de nous dicter et de nous enseigner comment éduquer nos enfants, Proverbes 22 : 6, dit, Instruis l'enfant selon la voie qu'il doit suivre et quand il sera vieux, il ne s'en détournera pas.

(Hébreux 12 : 28-29)

C'est pourquoi, recevant un royaume inébranlable, montrons notre reconnaissance en rendant à Dieu un culte qui lui soit agréable, avec piété et avec crainte.

Car notre Dieu est aussi un feu dévorant.

*Une crainte de Dieu est une sorte de respect combiné avec crainte ».

Exprimant un véritable respect par la consécration de soi

(2 Corinthiens 1:7)

Ayant donc de telles promesses, bien-aimés, purifions-nous de toute souillure de la chair et de l'esprit, en achevant notre sanctification dans la crainte de Dieu.

(1 Pierre 1 :17)

Et si vous invoquez comme Père celui qui juge selon l'œuvre de chacun, san, acception de personnes, conduisez-vous avec crainte pendant le temps de votre pèlerinage.

Dieu a pris Israël en tant que nation parmi toutes les nations sur la terre et l'a utilisé pour réconcilier l'humanité avec lui. Nous, les croyants avons été retirés du monde, mis à part pour être utilisés par Dieu. Les écritures nous disent de nous abstenir de tout ce qui peut souiller notre vie et nous dérouter de l'appel de Dieu. Une fois que nous répondons à l'appel à être utilisé par Dieu, nous sommes mis à part pour vivre une vie sainte et morale qui Lui apportera la gloire dans tous ce que nous faisons pour son royaume pendant notre séjour sur la terre. Etant consacré et exprimer le vrai respect à Dieu. Nous pouvons aussi Lui exprimer notre adoration comme à notre Jéhovah-makadesh, le Seigneur qui nous sanctifie (consécration).

LOUANGE (ADORATION ET ACTIONS DE GRÂCE)

La louange est un acte d'adoration ou da reconnaissance par laquelle les vertus ou les actes d'un autre sont reconnus et vantés. Notre louange envers Dieu est le moyen par lequel nous exprimons la joie au Seigneur. Nous devons louer Dieu, pour qui il est (adoration) et pour ce qu'Il a fait (action de grâce). Dans la plupart des cas, les chrétiens adorent Dieu pour ce qu'Il a fait (action de grâce) et n'accordent pas une importance sur qui Il est (sa personnalité). Dans l'ancien testament, Dieu révélait toujours son identité à la Nation d'Israël en se donnant lui-même un nom à chaque fois qu'il se montrait favorable envers eux.

Nous pouvons exprimer notre adoration à Dieu en utilisant ces noms.

Adorer Dieu pour qui Il est

Dieu puissant *(Elohim)*

Genèse 1 :1-3 ; Hébreux 1 :3. Au commencement, Dieu créa les cieux et la terre. Il est le Dieu tout-puissant (omnipotence); Il est partout à la fois (Omniprésence) et il est le Seigneur de toute la sagesse et connaissances ; le Seigneur omniscient.

Le Seigneur de paix (Jéhovah-Shalom)

C'est le nom que Gédéon donna à l'autel qu'il construisit à Ophra après que le Seigneur lui apparut et lui dit: «La paix soit avec vous, n'aies pas peur tu ne mourras pas, (Juges 6:24).

Le Seigneur est ma bannière (Jéhovah-Nissi)

Ce nom fut donné à l'autel que Moïse construisit en l'honneur de la Victoire que Dieu a remportée sur les Amalécites (Exode 17:15)

Le Seigneur pourvoira (Jéhovah-Jireh)

Il s'agit du nom qu´Abraham a donné au lieu, en l'honneur de Dieu, où Il a fourni un agneau pour le sacrifice à la place de son fils Isaac (Genèse 22:14)

Le Seigneur qui vous sanctifie (Jéhovah-makadesh)

C'est le nom que le Seigneur Lui-même a utilisé pour s´identifier aux Israélites comme Celui qui les a appelés pour être purifié en vivant une vie de sanctification dans l'obéissance de ses statues, (Lévitique 20:8).

Le Seigneur est mon berger (Jéhovah- Rohi)

Le Seigneur est décrit comme le berger qui prend soin et protège ses brebis, en s'assurant qu'elles ne manquent de rien, (Psaume 23:1).

Il ya beaucoup plus de noms de Dieu qui sont disponibles pour nous aujourd'hui, il est le même Dieu que nous adorons aujourd'hui et nous pouvons utiliser ces mêmes noms pour l'adorer à tout moment, au lieu d'attendre jusqu'à ce qu'il ait fait quelque chose de spécial en notre faveur, nous voulons lui donner notre reconnaissance. L'adoration doit toujours être notre première étape dans la prière. Dieu aime quand nous le reconnaissons comme celui qui nous soutient et nous protège.

La lecture du Psaume 146 est un outil formidable pour démarrer une session de prière. Ce psaume honore Dieu comme une aide complète et la nécessité de toute la terre.

Psaume 146 :1-2 & 5-6

1 LOUEZ l'ETERNEL !

Louez l'Eternel ! Mon âme, loue l'Éternel.

2 Je louerai l'Éternel tant que je vivrai; Je célébrerai mon Dieu tant que j existerai.

5 Heureux celui qui a pour secours le Dieu de Jacob, Qui met son espoir en l'Eternel, son Dieu.

6 Il a fait les cieux et la terre La mer, et tout ce qui s'y trouve. Il garde la fidélité à toujours.

Louant le Seigneur dans la foi

Comme je l'ai dit plus tôt, la seule façon que nous pouvons vraiment adorer Dieu est par le moyen de la foi. Dieu a besoin de nous pour libérer notre foi en nous. Les Ecritures disent que nous vivons par la foi, qui est spirituelle, et elle est interne et non visuelle comme nos cinq sens (sentir, entendre, toucher, voir et parler). La foi est interne et la vue est externe. Même si nous passons par des moments difficiles ou par les tribulations, nous avons besoin de Le louer dans la foi, sachant qu'Il est le seul qui peut nous aider à sortir de cette situation (Psaume 57).

(Job 1 :20)

> *Alors Job se leva, déchira son manteau, et se rasa la tête, puis se jetant par terre, il se prosterna.*

(Job 13 :15)

> *Voici, il me tuera ; je n'ai rien á espérer ; Mais devant lui je défendrai ma conduite.*

(Jacques 5:11)

> *Voici, nous disons bienheureux ceux qui ont souffert patiemment. Vous avez entendus parler de la patience de Job, et vous avez vu la fin que le Seigneur lui accorda, car le Seigneur est plein de miséricorde et de compassion.*

(1 Pierre 4 :12-13)

> *Bien-aimés, ne soyez pas surpris, comme d´une chose étrange qui vous arrive, de la fournaise qui est au milieu de vous pour vous éprouver.*
>
> *Réjouissez-vous, au contraire, de la part que vous avez des souffrances de Christ, afin que vous soyez aussi dans la joie et dans l'allégresse lorsque sa gloire apparaîtra.*

Toutes ces écritures parlent de la persévérance et de la souffrance pour Christ, mais nous avons encore une raison de nous réjouir car nous avons tous une récompense. Job est un bon exemple de quelqu'un qui a persévéré, plus tard, Dieu l'a récompensé doublement de tous ses ennuis (Job 42:10). Jésus dit à ses disciples qu'ils seraient récompensés pour avoir tout quitté pour Lui, dans le temps présent et le siècle à venir.

(Luc 18 :29-30)

> *Et Jésus leur dit : Je vous le dis en vérité, il n'est personne qui, ayant quitté, à cause du royaume de Dieu, sa maison, ou sa femme, ou ses frères, ou ses parents, ou ses enfants, ne reçoive beaucoup plus dans ce siècle-ci ,et, dans le siècle à venir, la vie éternelle.*

Nous devons toujours nous rappeler que quoi que nous fassions pour le royaume de Dieu il y a une récompense pour nous ici sur la terre et dans le ciel. Pourquoi ne pas se réjouir dans la foi, sachant qu'il y a une récompense qui nous attend.

Ensuite, il y a des exemples bibliques puissantes de personnes qui ont loué le Seigneur dans la foi avant qu'ils n´obtinrent la victoire.

LE POUVOIR DE LA LOUANGE DANS L'ANCIEN TESTAMENT

Josaphat, un roi dévoué à Dieu *(2 Chroniques, chapitre 20)*

Josaphat était le jeune roi de Juda, dont la foi et la dévotion à Dieu l'ont poussé à toujours prendre plaisir dans le Seigneur. Au temps du danger, quand une grande multitude de leurs ennemis venaient contre eux et qu'il savait qu'ils n´étaient pas assez puissants pour la bataille, il a invoqué le Seigneur par la foi. La dernière partie du verset 12 dit, «mais nos yeux sont sur vous »; Il a ensuite réuni toute la nation dans le temple et pria.

(2 Chroniques 20 :6 et 17)

> *6 Et il dit : Eternel Dieu de nos pères, n'est tu pas Dieu dans les cieux, et n'est-ce pas toi qui domines sur tous les royaumes des nations ? N'est-ce pas toi qui a en main la force et la puissance, et à qui rien ne peut résister? <u>Il a ensuite reconnu tout ce qu'ils avaient accompli par Dieu: Au verset 14, l'esprit de l'Éternel fut sur Jachaziel et il dit la parole du Seigneur</u> 17 Vous n'aurez point à combattre en cette affaire : présentez-vous, tenez-vous là et vous verrez la délivrance que l'Eternel vous accordera. Juda et Jérusalem, ne craignez point et ne vous effrayez point, demain, sortez à leur rencontre, et l'Eternel sera avec vous !*

A ce moment là, Josaphat inclina sa tête et tout le peuple adora Dieu avec lui. Quand ils se levèrent, ils louèrent tous Dieu à haute et audible voix ; Ceci est une démonstration d'une victoire de foi. La bataille dura jusqu'au lendemain, mais parce qu'ils croyaient en la parole de Dieu qu'a prophétisé Jachaziel, ils ont vu la victoire spirituellement. Le jour suivant, il obtenu l'accord du peuple et il envoya au devant de l'armée, l'équipe de louange et ce fut leur chant de victoire sur le champ de bataille.

«Louez l'éternel, car sa miséricorde dure à toujours!"

Ce que fut le résultat de leur louange

1. L'Éternel mit des embuscades contre leurs ennemis et ils ont commencé à se battre entre eux.

2. Le peuple de Juda, ayant vu que tous leurs ennemis étaient morts et pas un n'échappa.

3. Il leur a fallu trois jours pour ramasser l'abondance de bijoux et objets de valeur du butin de leurs ennemis. C'était plus que suffisant.

4. La peur s'est emparée des royaumes alentours parce qu'ils ont entendu que l'Éternel avait combattu leurs ennemis. Après tout, ce peuple a pris le temps de venir à la maison du Seigneur avec tous les instruments disponibles pour le louer. Voici une grande leçon à retenir; ici, nous voyons Dieu qui agit comme étant Jéhovah Nissi, de la même façon, qu'il a fait à l'époque de Moïse, quand il a vaincu les Amalécites (Exode 17). Il est toujours Jéhovah Nissi pour nous aujourd'hui seulement si nous Lui permettons de l'être, comme Josaphat a fait par la foi, louant Dieu pour une victoire spirituelle avant qu'il n'ait été manifesté dans le domaine physique. Cela montre sa confiance totale en Dieu. Au lieu de mener une guerre contre leurs ennemis, ils ont chanté des chants de victoire à Dieu pour sa miséricorde et sa bonté à leur égard et le Seigneur les a bénis en retour avec le butin de leurs ennemis. Si seulement nous pouvons apprendre à toujours faire confiance à Dieu. Tout en Lui étant obéissant et reconnaître sa souveraineté, sans aucun doute la victoire sera nôtre.

LA PUISSANCE DE LA LOUANGE DANS LE NOUVEAU TESTAMENT Paul et Sillas en prison (Actes 16 :23-34) 23 Apres qu'on les eut chargés de coups, ils les jetèrent en prison, commandant au geôlier de les garder sûrement. 24. Le geôlier ayant reçu cet ordre-jeta-dans la prison intérieure et leur mit les ceps aux pieds. 25.Vers le milieu de la nuit, Paul et Sillas–priaient et chantaient les louanges de Dieu, et les prisonniers les entendaient. Tout à coup il se fit un grand tremblement de terre, en sorte que les fondements de la prison furent ébranlés ; au même instant, toutes les portes s'ouvrirent, et les liens de tous les prisonniers furent rompus. Le geôlier se réveilla, et, lorsqu'il vit les portes de la prison ouvertes, il tira son épée et allait se tuer, pensant que les prisonniers s'étaient enfuis. Mais Paul cria d'une voix forte : Ne te fais point de mal, nous sommes tous ici.

Ecoutaient entendaient. Tout à coup, il y avait se fit un grand tremblement de terre, de sorte que les fondements de la prison furent ébranlés; et immédiatement au même instant, toutes les portes ont été ouvertes s'ouvrirent, et les liens de tous les prisonniers la chaîne de tous furent rompus.

Ces disciples étaient dans une situation tellement épouvantable, ils ont été battus avec des barres. Leurs vêtements ont été enlevés, leurs pieds attachés et ensuite ils ont été jetés dans la partie intérieure de la prison. Mais encore dans leur pire scénario ils ont commencé à chanter des louanges et des hymnes à Dieu, il devait y avoir une certaine confiance dans cette louange, croyant que Dieu étaient toujours leur Dieu et le seul qui pourrait les sauver de cette fâcheuse situation.

Ce que fut le résultat de leurs louanges

1. Tout à coup il y eu un violent tremblement de terre qui secoua les fondations de la prison.

2. Les prisonniers ont été attentifs à leurs prières et à leurs chants.

3. Les portes de la prison s'ouvrirent brusquement et toutes les chaînes se brisèrent.

4. Le gardien de la prison était sur le point de se donner la mort quand il vit l'ouverture des portes, pensant qu'ils avaient fui. Au lieu de cela, il a craint le Dieu de Pierre et Sillas, voulant savoir plus sur le Seigneur. Il a été sauvé à la fois physiquement et spirituellement.

5. Toute la famille du gardien de prison a été sauvée et baptisé du Saint Esprit.

6. Le lendemain, il leur a ordonné de sortir, mais Paul refusa d'être libéré sans un procès équitable, c'est parce qu'en tant que citoyen romain, il avait droit à un procès impartial. Les magistrats prirent peur et usèrent de moyen pour les faire quitter la prison. Ceci leur enseigna une grande leçon sur la façon de traiter équitablement les autres croyants.

Peu importe la situation ou la circonstance dans laquelle nous nous trouvons, nous devons encore reconnaître que Dieu est toujours Dieu. Trop souvent, quand les chrétiens se retrouvent dans des situations difficiles, ils demandent souvent à Dieu, pourquoi moi Seigneur? Où es-tu Seigneur ? Pourquoi as-tu permis que cela m'arrive et ils commencent à se sentir pitoyable à cause de leur condition et cherchent d'autres personnes pour qu'ils les prennent en pitié. C'est ce que cherche le diable. Chaque fois que nous agissons de la sorte, nous encourageons ou faisons l'éloge du diable.

Mais quand vous louez Dieu dans votre situation critique, le diable doit fuir parce que vous le mettez dans un état de confusion, il commence à se demander, comment pouvons-nous prier Dieu alors qu'il a tout fait pour nous rendre misérable? Il se rend compte que ses tours ou sa tromperie n'à pas plus de pouvoir sur nous par conséquent il a perdu son emprise et cherche une autre proie.

Tout à coup, les tremblements de terre commencent à se produire, l'impossible devient possible, les portes qui ont été fermées commencent à s'ouvrir et les personnes qui vous ont à peine regardé commencent à vous exalter. Votre témoignage conduit quelqu'un au salut, quelqu'un est délivré de la même situation que vous, je ne peux pas le faire, quelqu'un change alors sa confession en disant, maintenant je sais que je peux faire, et l'atmosphère se charge des possibilités de la puissance de Dieu.

Nous avons la victoire sur le diable (l'accusateur) par le sang de l'agneau (le sang de Jésus) et par la parole de notre témoignage (déclarer votre victoire). (Apocalypse 12:11)

La parole de notre témoignage est le signe de la victoire sur notre situation.

La prochaine fois que vous allez faire face à une terrible circonstance, rappelez-vous de Job, Josaphat, Paul et Sillas, et notez que ce que vous traversez n'est pas ce qui importe mais comment vous vous occupez de la situation.

(Ephésiens 5 :15-21)

15 Prenez donc garde afin de vous conduire avec circonspection, non comme des insensés, mais comme des sages ;

16 Rachetez le temps, car le temps, car les jours sont mauvais.

17 C'est pourquoi ne soyez pas inconsidérés, mais comprenez quelle est la volonté du Seigneur.

18 Ne vous enivrez pas de vin : c'est de la débauche. Soyez au contraire, remplis de l'Esprit ;

19 entretenez – vous par des psaumes, par des hymnes, et par des cantiques spirituels, chantant et célébrant de tout votre coeur les louanges du Seigneur ;

20 rendez continuellement grâces à Dieu le Père pour toutes choses, au nom de notre Seigneur Jésus Christ,

21 vous soumettant les uns aux autres dans la crainte de Dieu.

Cette écriture nous donne un avertissement que les jours à venir sont mauvais, nous devons donc avoir un sentiment d'urgence pour faire un choix judicieux et de ne pas être insensé comme si nous ne connaissons pas la volonté de Dieu. Nous devons tenir ferme dans notre foi et de ne pas hésiter quand surviennent des situations. Mais nous devons chanter à tout moment et entonner des mélodies dans nos cœurs, au lieu de convoquer les gens à sympathiser avec notre problème, on devrait les inviter dans une fête avec le Saint-Esprit, chanter des chants spirituels à l'Éternel et être heureux.

LA LOUANGE EST UNE DE NOS ARMES POUR VAINCRE L'ENNEMI, CE QU'IL N'AIME PAS C'EST LORSQUE VOUS LOUEZ (OU ACCLAMEZ), SON ADVERSAIRE (DIEU). CELA LE MET DANS LA CONFUSION, ENFIN IL PERD SON EMPRISE SUR VOUS ET SE PLANTE AU SOL PENDANT QUE VOUS AVEZ LA VICTOIRE PAR VOS LOUANGES À DIEU.

(YINKA 2005)

DÉVOTION

Dévotion: c'est se donner complètement pour être dédié ou consacré à être utilisé par Dieu. Les Chrétiens sont ceux qui adorent Dieu en étant obéissants et vivant un style de vie selon sa parole. C'est l'acte d'adorer Dieu par dévotion.

Adorer le Seigneur en esprit et en vérité (Adoration par dévotion)

(Jean 4 : 23-24)

> *Mais l'heure vient, et elle est déjà venue, où les vrais adorateurs adoreront le Père en esprit et en vérité ; car ce sont là les adorateurs que le père demande. Dieu est Esprit, et il faut que ceux qui l'adorent l'adorent en esprit et en vérité.*

Qui est Samaritain ?

Les Samaritains sont connus pour être les personnes bienveillantes ou charitables (parabole du bon samaritain, Luc 10).

le passage ci-dessus, on constate que cette femme a mis l'accent sur le lieu d'adoration et les différentes personnes qui ont adoré Dieu. Jésus lui a expliqué que là où les gens adorent ou qui est entrain d'adorer, ce n'est pas important (Dieu est omniprésent et Il a créé tous les êtres humains), mais COMMENT nous adorons c'est ce qui compte. La plupart des gens ne comprennent pas que leur dévotion à Dieu est leur acte d'adoration. Peut-être que s'ils savaient, ils seraient plus consacrés à Lui.

Adorer le Seigneur en Esprit

(Romains 12 :1)

> *Je vous exhorte donc, frères par les compassions de Dieu à offrir vos corps comme un sacrifice vivant, saint, agréable à Dieu, ce qui sera de votre part un culte raisonnable.*

Notre acte spirituel d'adoration, c'est quand nous mettons de côté nos propres désirs en crucifiant notre nature pécheresse et en nous présentant tous les jours à Dieu et de le laisser être le Seigneur de notre vie. Être obéissant au Saint Esprit peut être aussi juste plaire à Dieu dans notre adoration. Jésus a dit: il fait ce qui plaît au Père; nous avons aussi besoin de vivre une vie qui plaît au Père (Jean 8:29).

Nous devrions toujours nous rappeler que la consécration à Dieu est un acte d'obéissance au Saint Esprit. Cela fera de nous de vrais adorateurs. Ceux que Dieu recherche pour révéler sa volonté sur la terre. Afin qu'il puisse donner naissance en notre sein.

Adorer le Seigneur dans la vérité

(Jean 8 :31-32)

> *Et Jésus dit aux Juifs qui avaient cru en lui : Si vous demeurez dans ma parole, vous êtes vraiment mes disciples ; vous connaîtrez la vérité, et la vérité vous affranchira.*

(Jean 8:31-32) Le message

> *Puis Jésus se tourna vers les Juifs qui avaient demandé de croire en lui. "Si vous en tenez à cela, vivre ce que je vous le dis, vous êtes mes disciples à coup sûr. Ensuite, vous ferez l'expérience vous-mêmes de la VÉRITÉ, et la vérité vous libérera »*

La plupart du temps ce passage est cité, comme «vous connaîtrez la vérité et la vérité vous rendra libres » Ce n'est que la vérité pour laquelle vous vous tenez, la parole de Dieu que vous croyez et de l'expérience en agissant conformément dans l'obéissance à ce que dit la parole qu'elle vous rendra libres.

Notre acte véridique d'adoration est de croire en la parole de Dieu, se tenir dessus et l'expérimenter en se conformant à elle. Lorsque nous faisons autrement, nous croyons au mensonge du diable et restons dans la captivité, rien de bon ne vient du diable, il est venu pour tuer, voler et détruire (Jean 10:10).

La seule façon dont nous pouvons devenir de vrais adorateurs , ceux-là que le Père recherche, c'est de croire en la parole de Dieu en obéissant à l'Esprit de vérité (le Saint-Esprit), que le Père a envoyé pour nous aider à marcher droit et nous convaincre en ce qui concerne le (Jean 16:7-8).

Il nous guidera également dans toute la vérité en parlant directement du Père et nous dira les choses qui sont encore à venir (Jean 16:13).

Nous pouvons mettre à mort les préceptes de la chair en étant obéissant au Saint Esprit, nous prouvant que nous sommes les vrais fils de Dieu.

Notre acte spirituel et véridique dans l'obéissance consiste à permettre au Saint Esprit de prendre le plein contrôle de notre vie, en croyant la Parole de Dieu et en agissant sur ce que nous croyons. **Il s'agit de notre adoration de dévotion à Dieu.**

(Jacques 1 :22-25)

> *Mettez en pratique la parole et ne vous bornez pas à l'écouter, en vous trompant vous-mêmes par de faux raisonnements.*
>
> *Car, si quelqu'un écoute la parole et ne la met pas en pratique, il est semblable à un homme qui regarde dans un miroir son visage naturel,*
>
> *Et qui, après s'être regardé s'en va et oublie aussitôt comment il était.*
>
> *Mais celui qui aura plongé les regards dans la loi parfaite, la loi de la liberté, et qui aura persévéré, n'étant pas un auditeur oublieux, mais se mettant à l'œuvre, celui là sera heureux dans son activité.*

Éléments d'adoration

Au milieu de l'adoration il y a quelques éléments clés qui prennent place dans l'expression de notre adoration à l'égard de Dieu. Ci –dessous certains de ces éléments sont expliqués :

S'incliner

En grec, le mot Kampto signifie "plier" : il est utilisé en particulier pour plier les genoux en vénération religieuse (culte, le respect, l'adoration, considération, révérence). L'acte de s'incliner ou de fléchir les genoux, sous une forme plus prononcée tombée de façon prostré, c'est la pratique de tomber sur les genoux, incliner le corps peu à peu, et le contact du front avec le sol. Selon les temps bibliques, telles pratiques traduisent une attitude de révérence, le respect, l'humilité, et hommage envers les autres.

Se mettre à genoux

Il s'agit de tomber sur ses genoux, comme un geste de révérence, d'obéissance, ou de respect. Du Grec « Gonupeteo », ce mot désigne plier les genoux, et « pipto » désigne se prosterner, se prosterner en implorant une aide ou une expression de respect et d'honneur. Il est toujours utilisé comme une attitude de prière.

Fort

En grec, le mot Megas "grand" est utilisé, souvent en rapport avec d'autres significations de l'intensité, la force d'une voix. En anglais, cela signifie faire un grand bruit, bruyant.

Cri

Le cri en Grec signifie keleusmas "un appel", la sommation, cri de commande (semblable à keleuo, commander), cela signifie fort, un cri perçant, à pousser un cri fort, un cri soudain.

Applaudir

Frapper des mains est un geste de triomphe.

Danse

Choros, désigne principalement "une enceinte pour la danse", d'où une compagnie de danseurs et de chanteurs. Il s'agit d'un mouvement rythmique du corps souvent accompagné de musique. Parmi les Israélites, la danse en général a eu lieu chez les femmes, seules ou en groupe. C'était une façon de célébrer les occasions joyeuses. En effet, la danse est devenue un symbole de joie en opposition au deuil.

Soufflage de la corne ou trompette (appelée shofar)

Une corne est un symbole de force. Pendant les périodes d'adoration ou du culte de victoire, la corne de bélier a été utilisée comme un instrument de musique connu sous le nom de shofar. Il a surtout été soufflé par les prêtres comme un signe de la victoire ou pour rassembler les gens. Il y avait toujours l'uniformité de la population lorsque le shofar était soufflé.

Tous ces éléments ont eu lieu dans l'adoration. Ils existent dans la plupart des exemples anciens mais je voudrais donner d'autres exemples. Dieu est toujours le même hier, aujourd'hui et éternellement, mais l'église a diminué son mode de culte d'adoration et nous le ressentons maintenant, il existe des traditions vielles ou trop profondes. Je pense que nous devons revenir à l'essentiel et rendre hommage à notre Dieu.

L'adoration du buisson ardent

(Exodes 3 :4b-5,6b)

> *Moise! Moise !Et il répondit : Me voici ! ~~Puis il~~ Dieu dit ; ~~Ne t~~ N'approche pas d'ici ôte tes souliers de tes pieds, car le lieu sur lequel tu te tiens est une terre sainte. Moïse se cacha le visage, car il craignait de regarder Dieu.*

Ôter les sandales est un signe de révérence à l'autre personne. Le sol est devenu saint en raison de la présence du Seigneur. Moïse eut peur, car il a reconnu la souveraineté de Dieu. Il s'agissait d'une crainte sainte.

Dans Josué 5 : 14-15, Josué tomba face contre terre en signe de révérence, quand il a vu un homme qui s'est identifié comme le commandant de l'armée du Seigneur, il lui a ensuite été demandé de retirer ses sandales.

Une adoration qui a fait tomber les murs de Jéricho. Ce fut l'instruction pour l'adoration

(Josué 6 :3-5)

Faites le tour de la ville, vous tous les hommes de guerre, faites une fois le tour de la ville. Tu feras ainsi pendant six jours. Sept sacrificateurs porteront devant les sept trompettes retentissantes ; le septième jour, vous ferez sept fois le tour de la ville et les sacrificateurs sonneront des trompettes. Quand ils sonneront de la corne retentissante, quand vous entendrez le son de la trompette, tout le peuple poussera de grands cris. Alors la muraille de la ville s'écroulera, et le peuple montera, chacun devant soi.

La ville de Jéricho avait de très hauts murs tout autour d'elle et elle était connue pour être un symbole de force et de puissance. Josué avait envoyé quelques hommes pour espionner le pays. Mais Josué n'est pas rentré jusqu'à ce qu'il obtienne du Seigneur des instructions parce que cette ville était fermée. Il n'y avait aucun moyen d'entrer ou de sortir parce que les gens de la ville avaient très peur des Israélites.

La première instruction donnée était que les hommes armés marchent autour de la ville une fois durant six jours. Le sacrificateur devant être sur le front portant l'arche de l'alliance et portant les trompettes retentissantes en corne de bélier. Le vrai sens de ces instructions, c'était que Dieu voulait que les gens fassent l'expérience de la victoire d'une telle guerre ; qui n'avait rien a á voir avec une quelconque expertise militaire mais qui était sous son contrôle. Le sacrificateur se présentait devant Dieu au nom du peuple muni de cornes de bélier (chofar), qui était un instrument de musique, dans lequel on soufflait pour convoquer le peuple pour la bataille. On le soufflait aussi à l'occasion des moments de joie dans l'adoration et au cours de la célébration des différents types de fêtes. Quand on souffle le shofar, on rappelle au peuple que leur victoire vient du Seigneur et non pas de leur propre force militaire.

Aux moments de longs coups de cornes, le peuple poussait des cris très forts et les remparts élevés s'écroulèrent.

Le souffle de la corne et le cri du peuple sont un signe de victoire ; non seulement il gagna la bataille, mais il a pu aussi piller la ville de Jéricho pour ramasser le butin. Seule Rahab et sa famille ont été épargnés, car cette dernière était fidèle en cachant les espions.

La présence de Dieu incite le peuple à offrir une adoration complète

(2 Samuel 6 :14-15)

> *David dansait de toute sa force devant l'Eternel, et il était ceint d'un éphod de lin. David et toute la maison d'Israël firent monter l'arche de l'Eternel avec des **cris de joie** et au son des **trompettes.***

Les Israélites étaient si heureux quand l'arche de l'alliance a été ramenée à Jérusalem. David le roi s'est lui-même exprimé dans la danse portant le tablier du sacrificateur. Ils se sont tous joints à lui avec des cris et en soufflant de la trompette.

L'arche de l'alliance signifie que la présence de Dieu avec eux. S'ils pouvaient être heureux à cause de l'arche de Dieu parmi eux, à plus forte raison nous qui avons l'Esprit du Dieu vivant en nous, nous pouvons nous réjouir. Nous devrions toujours avoir une adoration intégrale à l'intérieur de nous.

L'adoration de Juda par la louange

Nous avons déjà parlé de la forme d'adoration du roi Josaphat. Après que Jachaziel ait prophétisé et le roi s'est prosterné face contre terre et tout le peuple a fait de même ; il a conduit le peuple à adorer Dieu. Les Lévites, qui étaient aussi des assistants des sacrificateurs, se levèrent et louèrent Dieu avec une voix haute en signe de victoire.

La reconstruction du Temple d'adoration

(Esdras 3:10-11)

> *Lorsque les ouvriers posèrent les fondements du temple de l'Eternel, on fit assister les sacrificateurs en costume, avec les trompettes, et les Lévites ,fils d'Asaph, avec les cymbales, afin qu'ils célébrassent l'Eternel, d'après les ordonnances de David, roi d'Israël. Ils chantaient, célébrant et louant l'Eternel par ces paroles: Car sa miséricorde pour Israël dure à toujours ! Et tout le peuple poussait de grands cris de joie en célébrant l'Eternel, parce qu'on posait les fondements de la maison de l'Eternel.*

La reconstruction du temple a commencé après que tous les exilés de Babylone, vinrent à Jérusalem comme un seul et ils se sont tous installés dans leur ville natale. Lorsque le septième mois arriva, ils décidèrent de commencer la fondation du temple, malgré qu'ils ~~aient~~ avaient peur des villes voisines. Les Lévites étaient chargés de superviser les travailleurs. Lorsque les bases ont été posées, les sacrificateurs vêtus de robes avec des cornes (shofar) dans leurs mains et les Lévites avec des cymbales louant Dieu. Tout le peuple sortit pour pousser de grands cris de louange à Dieu, parce qu'ils étaient pleins de joie alors que la fondation du temple a été posée.

Quand on regarde tous les exemples, il ya une action de prosternation, le fait de souffler dans les trompettes et de pousser de grand cris, danser etc. Mais nous voyons rarement ces choses se passer dans l'Eglise aujourd'hui. Ils ont tous de l'importance dans notre culte d'adoration à Dieu.

L'importance d'exprimer l'adoration

1. Se prosterner est un signe d'expression de la révérence à Dieu.

2. Danser et chanter sont une façon d'exprimer la joie et reconnaître les merveilleuses voies du Seigneur.

3. Souffler dans La corne de bélier ou shofar est un signe que la victoire dans une bataille viendra du Seigneur et non de nombreuses forces militaires.

4. Souffler le shofar qui est également un instrument de musique joué pendant les périodes de fête rappelait au peuple que le Seigneur est leur bannière.

5. Un cri ou un grand cri, est un signe de la victoire, avant et après la guerre. Josaphat et le peuple crièrent d'une voix très forte avant d'aller au champ de bataille et ont poussé des cris de joie après leur retour. Le peuple devait pousser un cri très fort avant que les murs de Jéricho ne tombent. Et après que la fondation du temple ait été posée, le peuple poussa un cri très fort.

Une autre chose à noter c'est que les sacrificateurs ont joué un rôle essentiel dans l'adoration, ils étaient toujours les guides du peuple dans l'adoration. Le devoir des sacrificateurs pouvait être comparé à celui des intercesseurs. En tant que chrétiens nés de nouveau nous n'avons pas besoin de quelqu'un pour intercéder pour nous parce que nous avons l'Esprit Saint comme intercesseur et Jésus est assis à la droite du Père intercédant pour nous. Jésus a déjà payé le prix pour que le monde entier reçoive le salut, mais si les non croyants ne sont pas conscients de la vérité, ils ne sauraient rien à propos du salut. Nous agissons comme les sacrificateurs en leur nom jusqu'à ce qu'ils parviennent à la connaissance de la vérité de leur sauveur, Jésus-Christ. Nous devrions toujours nous rappeler que Dieu aime les méchants, mais Il hait le péché. Jésus a payé le prix pour le monde entier, mais à travers l'intercession et l'évangélisation, l'humanité toute entière peut être réconciliée avec Dieu.

La bible déclare, que tout genou fléchira et que toute langue confessera que Jésus est le seigneur. Pour cette raison, plus de prières d'intercession doivent être faites pour les âmes perdues.

Le livre des Psaumes

Le livre des Psaumes est une collection de chants et de prières qui expriment le cœur de l'humanité qui vont de leur confession des péchés, l'expression de doute et la peur, la recherche de Dieu et de révérence par l'expression de louange et d'adoration. David a écrit la majorité du livre des Psaumes. Il montre le degré d´intimité de sa relation avec Dieu. Quelle que soit la situation qu'il traversait, il a toujours exprimé son amour envers Dieu en le louant à travers des expressions différentes : à haute voix, par la danse, par les chants, par les applaudissements, en se prosternant etc. Aussi, quand il passait par une situation difficile, il exprimait comment il languissait après le Seigneur, sachant qu'il était la seule personne qui pourrait lui témoigner de l'amour vrai et l'aider. Plus votre relation avec Dieu est intime, plus vous l'appréciez pour qui Il est et ce qu'Il fait pour vous. Par conséquent votre désir d'adorer devient plus fort.

(Psaume 47 : 2)

Vous tous, peuples, battez des mains! Poussez vers Dieu des cris de Joie!

(Psaume 63 : 2-3)

O Dieu! Tu es mon Dieu, je te cherche ; Mon âme a soif de toi, mon corps soupire après toi, Dans une terre aride, desséchée, sans eau. Ainsi je te contemple dans le sanctuaire, Pour voir ta puissance et ta gloire.

(Psaume 95 :1&6)

Venez, chantons avec allégresse à l'Eternel ! Poussons des cris de joie vers le rocher de notre salut.

Venez, prosternons-nous et humilions-nous, Fléchissons le genou devant l'Eternel notre créateur!

(Psaume 100 :1)

Poussez vers l'Eternel des cris de joie, Vous tous habitants de la terre !

Si vous voulez en savoir plus sur l'expression d'adoration, lisez et méditez le livre des Psaumes régulièrement et familiarisez-vous avec le coeur humble de David dans ses voies d'adoration.

Examinons ces éléments dans le Nouveau Testament.

Les éléments d'adoration dans le Nouveau Testament
Le son de la trompette précédant le retour de Jésus-Christ

(Mathieu 24:30-31)

Alors le signe du Fils de l'homme paraîtra dans le ciel, toutes les tributs de la terre se lamenteront, et elles verront le Fils de l'homme venant sur les nuées du ciel avec puissance et une grande gloire. Il enverra ses anges avec la trompette retentissante, et ils rassembleront ses élus des quatre vents, depuis une extrémité des cieux à l'autre.

(1 Thessaloniciens 4 :16)

Car le Seigneur lui-même, à un signal donné, à la voix d'un archange, et au son de la trompette de Dieu, descendra du ciel, et les morts en Christ ressusciteront premièrement.

Les deux passages disent qu'au retour de Jésus, ceux qui ne sont pas préparés le verront venir sur les nuées et ils se lamenteront à cause de leur incrédulité. Mais il enverra d'abord ses anges sonner de la trompette avec un grand bruit pour rassembler ses élus partout sur la terre. Ce grand bruit des trompettes, indiquera la victoire des saints de ce monde pécheur.

Le cri sur la croix

(Mathieu 27 : 52)

Jésus poussa de nouveau un grand cri, et rendit l'esprit.

Et voici, le voile du temple se déchira en deux, depuis le haut jusqu'en bas, la terre trembla, les rochers se fendirent, les sépulcres s'ouvrirent, et plusieurs corps des saints qui étaient mort ressuscitèrent

C'était la deuxième fois que Jésus a crié sur la croix d'une voix forte. Au même moment le rideau du temple se déchira en deux de haut en bas. La déchirure du rideau a été un symbole que la barrière entre Dieu et l'humanité avait été enlevée. Aucun sacrificateur ne doit plus entrer dans le saint des saints, pour la cause de l'homme, parce que Jésus est devenu notre grand sacrificateur. Par lui nous avons été réconciliés avec Dieu et Il intercède à jamais pour nous. Ce fut le cri de victoire de Jésus sur la croix, qui a aussi réveillé les saints dans la tombe.

Un aveugle crie dans la foi pour la guérison

Bartimée était un aveugle de Jéricho qui était toujours assis au bord du chemin à demander de l'aumône. Un jour il entendit que Jésus passait par là, il a décidé dans son cœur que quelque soit le coup, il recouvrira la vue.

(Marc 10 :47-48 & 51-52)

*47 Il entendit que c'était Jésus de Nazareth, et il se mit à **crier** ; Fils de David, Jésus, aie pitié de moi !*

*48 Plusieurs le reprenaient, pour le faire taire ; mais il **criait** beaucoup plus fort : Fils de David, aie pitié de moi !*

51 Jésus prenant la parol ,il lui dit : Que veux tu que je fasse? Rabbouni, lui répondit l'aveugle, que je recouvre la vue.

52 Et Jésus lui dit : Va, ta foi t'a sauvé.

Malgré le fait qu'il ne pouvait pas voir, il pouvait entendre la foule qui se rapprochait. Quand il a senti que Jésus était proche, il cria d'une voix forte vers Jésus, mais les gens tout autour de lui, lui ordonna de se taire, mais cet aveugle n'a pas été découragé par ce qu'ils disaient, parce qu'il était sur le point de recevoir sa guérison et pas même ceux qui voyaient ne pouvaient l'arrêter. Il cria plus fort et Jésus s'arrêta et demanda aux gens de l'amener. Quand Jésus lui a demandé « Que puis-je faire pour toi ? » Il est allé droit au but, que je recouvre la vue » et Jésus lui dit: « Va, ta foi t'a sauvé ». La foi de cet homme était si grande que Jésus n'a pas eu à lui imposer les mains ou lui dire « sois guéri », cet homme avait déjà reçu sa guérison quand il a crié à Jésus. S'il n'avait pas été, il aurait été découragé par les voyants, il aurait renoncé et continué son chemin dans un sentiment de déprime par son handicap. A cause de sa foi, rien n'a pu le stopper. Ce fut la victoire obtenue par un aveugle qui cria à Jésus. Après avoir recouvré la vue, il se mit à suivre Jésus.

Une voix forte qui réveilla les morts

(Jean 11 :43-44)

Ayant dit cela, il cria d'une voix forte : Lazare, sors! Et le mort sortit, les pieds et les mains liés de bandes, et le visage enveloppé d'un linge. Jésus leur dit : Déliez-le, et laissez-le aller.

Dans ce verset, Marthe, la sœur de Lazare est venue dire à Jésus que son frère était mort, mais Jésus l'a rassuré en lui disant qu'il se lèverait de nouveau.

Au verset 41, Jésus pria la prière de foi, en remerciant le Père « qu'il entend toujours quand il prie. Jésus déclara que c'était pour l'utilité de ceux qui ne croyaient pas, afin qu´ils sachent qu'il a été envoyé par le Père pour sauver le monde ». Après avoir prié, d'une voix forte, il appela Lazare, sors. Sa voix forte a eu la victoire sur la mort. Lorsque Paul et Sillas chantaient à Dieu, ce devait être à voix forte parce qu'ils étaient dans les cachots au fin fond des prisons, mais les autres prisonniers pouvaient les entendre chanter et un tremblement de terre secoua la prison, ce fut un grand cri, louant Dieu pour qui il était, un signe de la victoire, sachant que Dieu est le seul qui pouvait les sauver d'une telle situation.

Le Livre de l'Apocalypse

Tout au long du livre de l'Apocalypse les anges saluèrent toujours, et chantaient à voix haute adorant Dieu, les anciens aussi s´agenouillent comme un signe de leur adoration à Dieu.

(Apocalypse 4 :9-11)

> *les êtres vivants rendent gloire et honneur et actions de grâces à celui qui est assis sur le trône, à celui qui vit aux siècles des siècles,*

> *Les vingt quatre vieillards se prosternent devant celui qui est assis sur le trône, ils adorent celui qui est assis sur le trône, ils adorent celui qui vit aux siècles des siècles et ils jettent leurs couronnes devant le trône en disant :*

> *« Tu es digne, notre Seigneur et notre Dieu,*

> *De recevoir la gloire, l'honneur et la puissance,*

> *Car tu as crée toutes choses,*

> *Et c'est par ta volonté qu´elles existent et qu'elles ont été créées. »*

(Apocalypse 7 :10-12)

10 Et ils criaient d'une voix forte, en disant le salut est à notre Dieu qui est assis sur le trône, et à l'agneau.

11 Et tous les anges se tenaient autour du trône, des vieillards et des quatre êtres vivants, ils se prosternèrent sur leur face devant le trône, et ils adorèrent Dieu, 12 en disant :

« Amen ! La louange, la gloire, la sagesse,

L'action de grâces, l'honneur, la puissance et la force,

Soient à notre Dieu, aux siècles des siècles!

Amen ! »

(Apocalypse 19 :1 & 4)

1 Après cela, j'entendis dans le ciel comme la voix forte d'une foule nombreuse qui disait : « Alléluia ! Le salut, la gloire, et la puissance sont à notre Dieu, »

4 Et les vingt-quatre vieillards et les quatre êtres vivants se prosternèrent en disant : « Amen ! Alléluia! »

S'agenouiller et s'incliner ou tomber sur votre visage

Ci-dessous sont également des éléments d'adoration montrant un signe de respect à Dieu ou à d'autres.

Jésus prie à Gethsémané

(Mathieu 26 :39)

Puis ayant fait quelques pas en avant, il se jeta sur sa face, et pria ainsi : « Mon père, s'il est possible, que cette coupe s'éloigne de moi! Toutefois, non pas ce que je veux, mais ce que tu   veux. »

Dernière prière d'Etienne

(Actes 7 :59-60)

> *Et ils lapidaient Etienne, qui priait et disait : Seigneur Jésus, reçois mon esprit! « Puis, s'étant mis à genoux, il s'écria d'une voix forte : Seigneur, ne leur impute pas ce péché !»! Et, après ces paroles, il s'endormit ;*

Tout genou sur la terre se prosternera devant Dieu

(Romains 14 :11)

> *Car il est écrit: "Je suis vivant, dit le Seigneur, tout genou fléchira devant moi*
>
> *Et toute langue donnera gloire à Dieu"*

(Philippiens 2: 9-11)

> *C'est pourquoi aussi Dieu l'a souverainement élevé, et lui a donné le nom qui est au dessus de tout nom,*
>
> *Afin qu'au nom de Jésus tout genou fléchisse dans les cieux, sur la terre et sous la terre,*
>
> *Et que toute langue confesse que Jésus – Christ est Seigneur, à la gloire de Dieu le Père.*

Manière de Paul de s'agenouiller pendant la prière avec les saints

(Ephésiens 3 :14)

> *A cause de cela, je fléchis mes genoux devant le Père.*

(Actes 20 :36)

> *Après avoir ainsi parlé, il se mit à genoux et pria avec eux tous.*

Les saintes écritures ci-dessus montrent que l'expression de l'adoration est très importante. La marche et la confession sont un acte d'obéissance dans l'adoration, tandis que se mettre à genoux ou se prosterner est un signe de respect, ce qui pourrait être envers Dieu et envers les autres. Paul a exprimé sa manière de s'agenouiller et de prier avec les saints comme la révérence à Dieu et également pour exprimer l'humilité envers les autres. Tout genou fléchira et toute langue confessera que Jésus-Christ est le Seigneur, c'est un acte d'obéissance dans l'adoration. Dieu a ordonné à toute l'humanité d'y prendre part comme une façon d'exprimer notre volonté d'adoration dans l'obéissance et la fidélité envers Lui.

Il est temps que l'église se détache de la tradition et de la religion créée par les êtres humains pour revenir à l'essentiel que Dieu a directement dit dans sa Parole. Des hommes inspirés par le Saint Esprit ont écrit les saintes Écritures. Si nous laissons l'Esprit Saint en nous, nous conduire directement dans l'adoration, nous aurons la liberté dans notre esprit ce qui se refléterait vers l'extérieur. L'obéissance pour adorer veut dire obéissance à la volonté de Dieu. Nous pouvons alors refléter la gloire de Dieu sur la terre et devenir un vase qui sera utilisé dans son royaume.

Être conduit par l'Esprit Saint c'est être libre d'adorer. Devenez des vases, prêtes à être utilisées par Dieu dans son royaume.

L'IMPORTANCE DE
L´INTERCESSION COLLECTIVE

L'unité dans la prière

L'unité est l'état d'union ou le fait d´agir comme un seul en harmonie. L'unité peut également être décrite comme un accord entre des personnes différentes se réunissant pour un objectif commun.

Quand les Israélites quittèrent l'Egypte, ils sortirent tous ensemble, personne n'a été laissé pour compte. Dans Exode Chapitre 19, Dieu donna des instructions à Moïse que le peuple devait se consacrer le troisième jour et se rassembler ensemble, avant qu'il leur ait donné les Dix Commandements sur le Mont Sinaï. A cette époque, il y avait toujours un rassemblement ensemble, avant que Dieu ne parle à son peuple par Moïse.

Dans le Nouveau Testament, Paul a encouragé les Hébreux à ne pas abandonner l'assemblée des saints, mais de s'encourager les uns les autres comme le jour approche à grands pas (Hébreux 10:25).

La prière d'intercession de Jésus pour l'unité de tous les croyants

Dans Jean chapitre 17, Jésus avait une passion de l'unité pour tous les croyants, il priait cinq fois sur le thème de l'unité. Ce fut les points de prière au Père:

Les cinq points de prière de Jésus pour l'unité pour tous les croyants

(Jean, chapitre 17:11-26)

1ère fois

Verset 11... Garde ~~les~~ en ton nom ceux que tu M'as donné, afin qu'ils soient un comme Nous.

2ème fois

Verset 20~~-21~~, « Ce n'est pas pour eux seulement que je prie, mais encore pour ceux qui croiront en moi par leur parole ; »

3ème fois

Verset 21

« Afin que tous soient un, comme Toi Père Tu es en Moi, et comme Je suis en Toi, afin qu'eux aussi soient un en Nous... »

4ème fois

Verset 22 «Je leur ai donné la gloire que Tu M'as donnée, afin qu'ils soient un comme Nous sommes un»

5ème fois

Verset 23 « Moi en eux, et Toi en Moi, afin qu'ils soient parfaitement un... »

Verset 26 « Je leur ai fait connaître Ton nom, et Je leur ferai connaître, afin que l'amour dont Tu M'as aimé soit en eux, et que Je sois en eux».

Résumé du passage précédent

1. Le premier point de prière de Jésus a été pour ses disciples de devenir un afin que tous ceux qui croient en la parole de leur bouche deviennent aussi un avec eux.

2. Tous les croyants seraient unifiés avec le Père et le Fils comme Lui et le Père le sont.

3. Que l'amour parfait que le Père avait pour lui (Jésus) soit également manifesté en nous (tous les croyants).

L'unité parfaite entre les croyants se manifeste au travers du véritable amour de Dieu et le reflet de la gloire de Dieu dans nos vies ; c'est la seule façon que le monde, aura une soif pour le Dieu que nous servons. Paul a prié en permanence dans la plupart de ses lettres aux croyants qu'ils devraient se supporter les uns les autres dans l'amour. La lettre de Paul aux Colossiens a été que leurs cœurs soient unis dans l'amour, et d'atteindre toutes les richesses de la pleine certitude d'intelligence, à la connaissance du mystère de Dieu, à la fois du Père et du Christ (Colossiens 2:2).

Pour récolter le fruit de la prière en commun accord, il doit y avoir une unité entre les croyants. Cela nous permettra de comprendre la connaissance et de connaître les mystères de la parole de Dieu. Paul a également prié pour l'Église dans son ensemble, pour qu'elle garde l'unité de l'Esprit par le lien de la paix, en mettant de côté toutes les autres choses qui peuvent apporter la division. L'unité dans le corps de Christ illustre l'unité entre le Père et le Fils.

Prière de Paul pour l'unité de l'Eglise

(Ephésiens 4 :2-3)

En toute humilité et douceur, avec patience vous supportant les uns les autres avec charité, vous efforçant de conserver l'unité de l'esprit par le lien de la paix.

L'enseignement de Jésus a propos de la prière d'un commun accord

Jésus a enseigné à ses disciples l'importance de ce que nous disons les uns les autres et en faisant une prière d'accord. Quoi que nous disions les uns aux autres à une impression éternelle dans notre relation. Jésus confirme notre décision par un oui et agit sur ce que nous disons.

Mathieu 18:18-20, Le message

«Prenez cela plus au sérieux: Un oui sur la terre est oui dans le ciel, Un non sur la terre est   un non dans le ciel. Ce que vous vous dites les uns les autres est éternel. Je veux dire Quand   deux d'entre vous se réunissent sur quoique ce soit sur la terre et.... font une prière de ceci,   mon Père dans le ciel entre en action. Et quand deux ou trois d'entre vous sont réunis à cause de moi, vous pouvez être sûrs que je serai là.

(Mathieu 18 : 19-20), LSG

Je vous dis encore que, si deux d'entre vous s'accordent sur la terre pour demander une chose quelconque, elle leur sera accordée par mon père qui est dans les cieux. Car là où deux ou trois sont assemblées en mon nom, je suis au milieu d'eux.

L'accord sincère entre deux croyants est plus puissant que l'accord superficiel de milliers, parce que l'Esprit du Christ est présent avec eux. Quand les croyants se retrouvent ensemble dans un même esprit, pour prier pour quoi que se soit qu'ils demandent, la chose leur sera accordée parce que la présence du Seigneur est avec eux.

Plus l'union est forte, plus la défaite de votre ennemi est grande

(26:8 Lévitique)

> *« Cinq d'entre vous en poursuivront cent, et cent d'entre vous en poursuivront mille et vos ennemis devant vous par l'épée. »*

Dans ce passage, Dieu a donné des instructions aux Israélites sur la façon de vivre, s'ils lui obéissaient ils seront bénis. L'une des bénédictions, c'est que plus ils se réunissent en accord pour lutter contre leurs ennemis, plus ils réussiront dans la   bataille. Quand on regarde l'expression mathématique; cinq à cent et cent à dix mille, il ne s'agit pas de la multiplication, mais c'est exponentielle. C'est le multiple du nombre ancien.

Dieu les encourage à être dans l'unité quand ils vont à la bataille et il leur donnera un pouvoir surnaturel pour vaincre l'ennemi. Quand nous nous réunissons pour prier, il est plus facile de vaincre l'ennemi, car sa parole déclare, sa présence est avec nous et il nous bénira avec une percée surnaturelle dans nos prières.

Dieu ordonne ses bénédictions où il y a l'unité.

Psaumes 133

> *1 Voici, Oh ! Qu'il est agréable, qu'il est doux*
>
> *Pour des frères de demeurer ensemble !*
>
> *2 C'est comme l'huile précieuse qui, répandue sur la tête,*
>
> *Descend sur la barbe, sur la barbe d'Aaron*
>
> *Qui descend sur le bord de ses vêtements.*

3 C'est comme la rosée de l'Hermon, qui descend sur les montagnes de Sion ;

Car c'est là que l'Eternel envoie la bénédiction,

La vie, pour l'éternité.

Dieu aime vraiment quand nous pouvons tous nous entendre, Là Il commande Ses bénédictions, cela signifie qu'il nous fait prospérer. Lorsque nous pouvons apprendre l'importance de la prière collective, nous serons en mesure de comprendre le mystère de la Parole de Dieu avec plus d'évidence et aurons une révélation distincte de notre demande de prière.

L'harmonie des disciples le jour de la Pentecôte

Le jour de la Pentecôte, les disciples devaient se réunir avant la venue du Saint-Esprit (Actes 2:1-4). L'église est un corps sous la direction de Christ. Ephésiens 4 explique   que nous devons tout faire pour conserver l'unité de l'Esprit par le lien de la paix. Il y a un seul corps, un seul esprit et nous avons été appelés à une seule espérance, un seul Seigneur, une seule foi, un seul baptême, un seul Dieu et Père de tous, qui est sur tout et par tout et en tous.

Nous devons apprendre à nous réunir ensemble pour communiquer avec notre Père dans l'unité. Lorsque nous élevons notre voix dans un commun accord, cela plaît au Père. Prier dans l'unité accélère également notre demande vers Dieu.

Les croyants, une prière d'un même esprit

(Actes 4 :24 & 31-32)

24 Lorsqu'ils eurent entendu, ils élevèrent à Dieu la voix tous ensemble, et dirent: Seigneur toi qui a fait le ciel, la terre, la mer, et tout ce qui s'y trouve,

31 Quand ils eurent prié, le lieu où ils étaient assemblés trembla ; ils furent tous remplis du Saint-Esprit, et ils annonçaient la parole de Dieu avec Assurance.

32 La multitude de ceux qui avaient cru n'était qu'un cœur et 'âme. Nul ne disait que ses biens lui appartenaient, mais tout était commun entre eux.

Cela s'est produit après que les Sadducéens ont libéré Pierre et Jean de prison pour avoir prêché l'Évangile. Ils sont retournés vers les leur et ont donné un témoignage de ce qui leur était arrivé. Les croyants se sont alors réunis en accord pour prier, ils ont tous élevés leur voix dans un commun accord, louant Dieu et Lui demandant plus d'hardiesse pour prêcher la parole. Après qu'ils eurent prié, le lieu où ils étaient en prière fut secoué et ils furent tous remplis du Saint-Esprit.

Une prière faite dans l'unité suscite un miracle (Actes 12: 5-17)

(Libération miraculeuse de Pierre)

(Actes 12 :5 & 16)

5 - Pierre donc était gardé dans la prison ; et l'Eglise ne cessait d'adresser pour lui des prières à Dieu.

16 - Et ils dirent : C'est son ange. Cependant Pierre continuait à frapper. Ils ouvrirent, et furent étonnés de le voir.

Quand Pierre était en prison, les croyants continuèrent de prier pour lui en permanence pour sa sécurité. Pierre était lié de chaînes entre deux soldats. Plus tard dans la nuit, un ange du Seigneur vint pour le libérer, mais il croyait avoir une vision, jusqu'à ce qu'ils soient dehors et que l'ange le laissa seul, et qu'il soit revenu à lui pour qu'il ait su que c'était vrai. Le premier endroit où il est allé était le lieu de rassemblement des croyants, qui étaient encore en train de prier pour sa libération. Alors qu'ils étaient encore en prière, Pierre frappa à la porte et ils pensèrent que c'était son fantôme, mais quand ils eurent finalement ouvert la porte ils furent surpris de le voir. Alors qu'ils priaient encore, Dieu répondit, ce fut un miracle.

Si les intercesseurs peuvent cultiver l'habitude de faire la prière collective, les miracles se passeront dans notre société plus souvent que d'habitude, le Seigneur enverra ses anges en notre faveur et il ne manquera jamais d'anges dans le ciel. La raison pour laquelle nous voyons beaucoup de miracles se passer à de grandes conférences c'est parce que la plupart des gens vont avec une forte attente que Dieu fera quelque chose de miraculeux. Il est important que les croyants intercèdent toujours pour les nations et le peuple. Au commencement, Dieu a donné à Adam et Eve la domination sur la terre ; ce qu´ils ont perdu par la tromperie du diable, mais grâce à Dieu, Jésus-Christ est allé jusqu'au tombeau pour la récupérer du diable, et a ressuscité le troisième jour et nous l'a remit, l'église. L'église est souvent désignée physiquement comme un bâtiment, mais chaque croyant est "l'église", qui signifie « les appelés ».

Colossiens 1 : 13 dit, car Dieu nous a délivrés de la puissance des ténèbres et nous a transportés dans le royaume de son cher fils. Christ est le chef de l'église et nous sommes son corps, par conséquent, il nous a rendu notre domination et notre pouvoir sur la terre.

(Colossiens 2 : 10). Une fois qu'il nous a donné la domination il est de notre devoir de l'exercer sur la terre. Nous devons libérer la puissance de Dieu qui est en nous par la prière et l'obéissance à Sa volonté. Dieu ne peut pas violer sa parole, il nous a donné la domination donc nous avons besoin de l'exercer sur la terre en priant sa volonté pour les nations.

Le jeûne collectif

Qu'est-ce que le jeûne ?

Le jeûne est le renoncement de soi-même à la nourriture et un engagement à se consacrer à Dieu par dessein, passer du temps dans la prière et à l'étude de la Parole de Dieu. Parfois, nous pouvons être tellement occupés par nos routines quotidiennes et ne pas avoir de temps pour vraiment être en communion avec Dieu. Cela ne veut pas dire que nous ne prions pas ou n'étudions pas la Parole de Dieu, mais parfois nous parcourons les écritures diagonalement car nous avons notre pensée fixé sur le prochain programme de la journée et nous ne pouvons pas vraiment entendre le Seigneur nous parler clairement.

Pourquoi avons-nous besoin de jeûner?

L'alimentation nourrit notre homme physique, le corps, qui s'use, quand nous vieillissons, tandis que la Parole de Dieu nourrit notre homme spirituel. Notre Esprit humain est, renouvelé tous les jours quand nous devenons plus enracinés dans la Parole de Dieu. Nos cinq sens (l'odorat, l'ouïe, le toucher, le goût et la vue) nourrissent notre âme, qui est le centre de notre pensée, notre volonté et notre émotion. Notre « âme » a le choix de se nourrir des cinq sens ou d'être nourri de la Parole.

(Mathieu 4 :4)

Jésus répondit: il est écrit: L'homme ne vivra pas de pain seulement, mais de toute parole qui sort de la bouche de Dieu».

(2 Corinthiens 4 :16)

C'est pourquoi nous ne perdons pas courage. Et lors même que notre homme extérieur se détruit, notre homme intérieur se renouvelle de jour en jour.

La nature humaine pourrait être définie comme ayant trois parties. Nous sommes un Esprit, nous avons une âme et nous sommes dans un corps ou une combinaison terrestre appelée chair. Avant que nous ne soyons sauvés, nous avons vécu hors de notre homme âme, tout ce dont nous nourrissons notre homme « l'âme » est ce qui sera traité dans l'esprit et réalisée par l'organisme. Lorsque nous naissons de nouveau, notre homme esprit est régénéré ou revient à la vie par la conduite de l'Esprit Saint. Nous sommes nés de nouveau par l'esprit et non par l'homme âme. L'âme ne peut jamais être née de nouveau. Par conséquent, nous nourrissons notre esprit avec la parole de Dieu et lui permet de dicter à l'homme l'âme.

(Romains 12 :2)

Ne vous conformez pas au siècle présent, mais soyez transformés par le renouvellement de l'intelligence, afin que vous discerniez quelle est la volonté de Dieu, ce qui est bon, agréable et parfait.

La conformité ou les valeurs traditionnelles de ce monde sont obtenus par les cinq sens; ce que nous entendons, voyons, sentons, touchons et disons, mais Paul dit que nous devrions permettre à une transformation ou une modification de l'esprit nouveau pour prouver la bonne volonté de Dieu dans nos vies.

(2 Corinthiens 4 :18)

Parce que nous regardons, non point aux choses visibles, mais à celles qui sont invisibles ; car les choses visibles sont passagères et les invisibles sont éternels.

(2 Corinthiens 5 :7)

Car nous marchons par la foi et non par la vue

Non seulement nous avons la parole de Dieu pour transformer nos vies, mais aussi le Saint-Esprit, qui nous donne le pouvoir de faire ce qui est juste. Jésus dit à Ses disciples qu'Il enverra une aide, l'Esprit Saint qui leur enseignera toutes choses et il rappellera toutes les choses qu'il leur a été enseigné (Jean 14:26). Aujourd'hui, nous avons l'Esprit Saint pour nous rappeler la parole de Dieu que nous avons appris.

IMPORTANCE DU JEÛNE

Jeûner n'est pas seulement s'abstenir de nourriture, mais c'est 'être engagé dans la prière et l'étude de la Parole de Dieu. C'est une occasion à dessein de s'humilier et de chercher la face du Seigneur avec un coeur sincère, ce qui devrait être notre objectif principal pour le jeûne.

Le jeune coopératif

Le jeûne coopératif est le fait de réunir un groupe de personnes pour jeuner en accord pour un objectif commun et en parfaite entente.

Exemples de Jeûne coopératif

Le roi Josaphat rassemble la nation pour chercher la face du Seigneur et proclamer un jeûne. Lorsque le roi Josaphat obtint les mauvaises nouvelles que ses ennemis étaient sur le point de venir contre lui, sa première réaction a été de rassembler la nation ensemble et proclamer un jeûne partout en Juda.

(2 Chroniques 20 :3)

> *Dans sa frayeur, Josaphat se disposa à chercher l'Eternel, et il publia un jeûne pour tout Juda.*

Josaphat révéra le Seigneur; Son premier but fut de chercher les directives du Seigneur en faisant passer du temps à la nation toute entière à rechercher la face du Seigneur.

(2 Chroniques 20 :4)

> *Juda s'assembla pour invoquer l'Eternel, et l'on vint de toutes les villes de Juda pour chercher l'Eternel.*

Comme nous l'avons discuté plus tôt, l'Esprit du Seigneur a parlé à travers Jechaziel et leur a donné une directive sur ce qu'il fallait faire.

Tout Israël est invité à se réunir pour jeûner et se repentir alors que Samuel intercède avec ferveur en leur nom (1 Samuel 7:1-8)

(1 Samuel 7 :6)

> *Ils puisèrent de l'eau, et la répandirent devant l'Éternel, et ils jeûnèrent ce jour-là, en disant : "Nous avons péché contre l'Eternel !"Samuel jugea les enfants d'Israël à Mitspa.*

Plus loin dans le chapitre, il explique que quand les Philistins ont entendu a propos de leur rassemblement ils vinrent à Mitspa pour les attaquer et les Israélites eurent peur. Le peuple a supplié Samuel afin qu'il intercède ardemment en leur faveur à Dieu, il a aussi offert l'holocauste. Dieu a répondu à ses prières en envoyant un tonnerre pour confondre les philistins ; et les Israélites les ont poursuivis et-reconquis leurs villes, Le jeûne coopératif et la confession du péché faits par les Israélites rétablirent la présence de Dieu dans la nation et restaurèrent tout ce qu'ils avaient perdu contre leurs ennemis.

La demande pour un jeûne collectif d'Esther qu'elle intercède pour sauver les Juifs

Esther était au bon endroit, au bon moment, même si le roi Xerxès n'avait aucune idée qu'elle était Juive. Mardochée, oncle d'Esther a découvert le complot de Haman, haut fonctionnaire du roi, comme il avait l'intention de détruire les Juifs, et a demandé à Esther de l'aide.

(Esther 4 :15-17)

Esther envoya dire à Mardochée :

Va, rassemble tous les juifs qui se trouvent à Suse, et jeûnez pour moi, sans manger ni boire pendant trois jours ni la nuit ni le jour. Moi aussi, je jeûnerai de même avec mes servantes, puis j'entrerai chez le roi, malgré la loi ; et si je dois périr, je périrai.

Mardochée s'en alla, et fit tout ce qu'Esther lui avait ordonné.

Maintenant, Esther n'avait aucune idée de ce qu'il fallait faire mais sa première étape était de chercher Dieu dans la prière et demander que les gens autour d'elle fassent un jeûne. Elle a également chargé Mardochée et le peuple juif de faire de même. Elle était prête à prendre un risque en faveur de son peuple, sachant que Dieu était avec elle. Parfois, rendre service à Dieu vaut la peine de prendre un risque. Sachant que nous pouvons faire confiance à Dieu devrait nous permettre de prendre un risque pour lui.

(Esther 8 :7-8)

Le roi Assuérus dit à la reine Esther et au juif Mardochée: "Voici, j'ai donné à Esther la maison d'Haman, et il a été pendu au bois pour avoir étendu la main contre les juifs. Ecrivez donc en faveur des juifs comme il vous plaira, au nom du roi, et scellez avec l'anneau du roi ; car une lettre écrite au nom du roi et scellée avec l'anneau du roi ne peut être révoquée.

Esther s'est finalement attirée les bonnes grâces du roi. Ils ont été autorisés à rédiger leur propre loi pour se défendre de toute opposition. Aussi la propriété de Haman a été donnée à Esther.

Esther s'est fiée entièrement à Dieu pour planifier la stratégie pour présenter son cas devant le roi et sauver son peuple.

Un Jeûne collectif qui déclenche un miracle collectif

Les gens étaient avec Jésus pendant trois jours sans manger ils ont amené toutes sortes de maladies et il les guérissait tous.

(Mathieu 15 :32)

> *Jésus ayant appelé ses disciples, dit : Je suis ému de compassion pour cette foule; car voilà trois jours qu'ils sont près de moi, et ils n'ont rien à manger. Je ne veux pas les renvoyer à jeun, de peur que les forces ne leur manquent en chemin.*

Les disciples étaient en mesure de recueillir sept pains et quelques petits poissons parmi le peuple. Il ordonna à la foule de s'asseoir sur le sol. Il bénit la nourriture, le rompit et le donna à ses disciples pour qu'ils puissent le partager entre les personnes, quatre mille hommes, sans compter les enfants et les femmes reçurent ce jour-là. Après que tout le monde fut rassasié, ils ont collecté sept grands paniers des restes. Ce n'était rien d'autre qu' un miracle. Dans Jean chapitre 6, Il a également nourrit cinq mille hommes sans compter les femmes et les enfants : avec cinq pains d'orge et deux petits poissons. Après que tout le monde ait mangé les disciples ont recueilli douze paniers de restes. Il ne s'agissait pas seulement de nourriture physique, ils ont entendu la parole de Dieu et ont vu le résultat, leur esprit a été nourrit par la parole, comme nous savons que Jésus est la Parole. Leur âme a refusé la volonté de manger mais leur esprit a été nourrit pendant trois jours consécutifs avec l'enseignement de Jésus avec puissance et en manifestation. C'est le pouvoir du jeûne collectif.

Le Jeûne collectif de l'Église d'ordonner des missionnaires avec la puissance de Dieu

(Actes 13 :1-4)

> *Il y avait dans l'Eglise (assemblée) d'Antioche des prophètes (interprètes inspirés de la volonté et des buts et de Dieu) et des docteurs : Barnabas, Siméon appelé Niger (noir), Lucius de Cyrène, Manahen, qui avait été élevé avec Hérode le tétrarque, et Saul. Pendant qu'ils servaient le Seigneur dans leur ministère et qu'ils jeûnaient, le Saint-Esprit dit : Mettez moi à part Barnabas et Saul pour l'œuvre à la quelle je les ai appelés. Alors, après avoir jeûné et prié, ils leur imposèrent les mains, et les laissèrent partir.*

> *Barnabas et Saul, envoyés par le Saint-Esprit, descendirent à Séleucie et de là ils s'embarquèrent pour l'île de Chypre.*

Antioche était la maison missionnaire des premiers chrétiens, c'était culturellement diversifié et un centre commercial de la négociation. Cet endroit a été le début de la sensibilisation évangélique de Paul. Le premier verset donne une variété de dons dans l'église, les prophètes, les enseignants, et un fonctionnaire du gouvernement. Ils avaient toutes différentes origines ethniques. Barnabas était de Cyrus, Siméon (Niger) un Africain, Lucius de Cyrène également un descendant africain, Manaen était un homme influent en raison de son association avec le roi Hérode et Saul un Juif de Tarse avec une formation rabbinique et un citoyen romain. Ils étaient tous dans l'atmosphère de jeûne et de prière. Un jour, alors qu'ils adoraient le Seigneur, le Saint-Esprit a parlé par l'un d'eux, probablement un prophète et a demandé de séparer maintenant Barnabas et Saul pour l'œuvre à laquelle il les a appelés. Après l'appel il leur a donné les directives là où ils devaient servir. Dieu travaille toujours de la même manière dans l'Eglise aujourd'hui avec un mélange de différentes cultures et de conditions sociales. Si seulement nous pouvons apprendre les principes de base pour se rassembler dans un accord pour prier, jeûner et adorer, Il nous donnera un sens de l'orientation dans le choix des personnes en particulier pour une tâche spécifique et pour un lieu spécifique. Ce n'est pas en fonction de votre position dans le leadership. Comme nous pouvons le voir au verset un, ni votre environnement culturel.

Dans l'Eglise d'aujourd'hui une race pourrait penser qu'elle est supérieure à une autre race ou un dirigeant pourrait penser qu'il est supérieur à un autre. Nous perdons ainsi l'efficacité de l'unité parce que nous avons une pensée humaine au lieu d'être conduit par le Saint-Esprit.

Mais si l'église; c'est une variété de peuple de Dieu qui peut venir en accord avec la pensée d'être conduit par le Saint Esprit nous allons voir la manifestation de la puissance de l'Esprit Saint tout comme dans le livre des Actes.

Un jeûne coopéré afin d'ordonner les résultats des dirigeants en manifestant la puissance de Dieu en eux (Actes 13:6-12)

Plus loin dans ce même chapitre, ils se sont arrêtés à une ville appelée Paphos. Le vice-gouverneur les a invités à prêcher sur la parole de Dieu, parce qu'il avait le désir d'entendre l'Evangile. Le verset 7 dit qu'il était également associé à ce sorcier nommé Elymas appelé Bar-Jésus, qui était payé et conduisait la ville dans la tromperie. Quand il a vu Barnabas et Saul prêchant au gouverneur adjoint, il essaya de les arrêter afin qu'ils ne puissent le gagner à Christ.

(Actes 13:9), LSG

Alors Saul, appelé aussi Paul, rempli du Saint-Esprit, fixa les regards sur lui (Elymas),...

Ils le confrontèrent dans son péché de tromperie et comme suite à cette confrontation, il devint aveugle instantanément. Le gouverneur adjoint, voyant cela, fut étonné par la puissance de Dieu qu'ils prêchaient; en conséquence, il crut.

Dans ces derniers jours, Dieu agit dans la puissance de l'Esprit Saint avec des signes et des prodiges. Le gouverneur était stupéfait en voyant ces signes. Ils avaient payé le sorcier et voilé le message gratuit du salut accompagné par des signes et des prodiges. C'est la puissance du jeûne.

Jésus exhorte ses disciples à jeûner et à prier

Jésus encourage ses disciples à jeûner et à prier. Jésus encourage ses disciples parce qu'il y a un degré de foi qui s'obtient par le jeûne et la prière.

L'échec des disciples a chassé un esprit sourd et muet.

(Marc 9:17-18)

> *« Maître, j'ai amené auprès de toi mon fils, qui est possédé d'un esprit muet. En quelque lieu qu'il le saisisse, il le jette par terre; l'enfant écume, grince des dents, et devient tout raide. J'ai prié tes disciples de chasser l'esprit, et ils n'ont pas pu. Race incrédule, leur dit Jésus, jusqu'à quand serai-je avec vous? Jusqu'à quand vous supporterai-je ? Amenez le moi. On le lui amena »*

Dans ce passage, Jésus parle de l'incrédulité à la ~~fois~~ des disciples et le père de l'enfant. Les disciples n'ont pas assez de foi pour chasser l'esprit muet et le père du fils n'a pas eu assez de foi pour croire au miracle. Jésus lui a dit que toutes choses sont possibles à ceux qui croient (verset 23).

Quant aux disciples, ils attendirent jusqu'à ce qu'ils soient à huis clos et posèrent à Jésus cette question:

(Marc 9 :28-29)

> *Pourquoi n'avons-nous pas pu chasser cet esprit? »*

> *Il leur dit: cette espèce-là ne peut sortir que par la prière [et le jeûne]»*

Ce que Jésus dit à ses disciples, c'est que vous avez besoin d'une croissance de la foi pour manifester l'autorité du royaume. Nous devrions toujours nous rappeler que nous sommes confrontés contre les forteresses démoniaques, qui ne veulent pas voir la manifestation du royaume de Dieu dans la démonstration et la puissance. Plus vous interférez avec le plan des démons, plus vous avez besoin de chercher le Seigneur dans le jeûne et la prière pour l'orientation ou la stratégie pour vaincre les forteresses.

A partir des exemples ci-dessus, nous pouvons résumer dans les points suivants la raison pour laquelle le jeûne collectif est important

1. 1. Pour obtenir des directives et des stratégies pour surmonter une bataille spirituelle où un combat.
2. 2. Pour nous humilier collectivement en tant que peuple et confesser nos péchés. Cela rétablira la présence de Dieu dans notre pays et ramènera la restauration et la paix entre les gens.
3. Pour démontrer la puissance de Dieu par des signes, des prodiges et des miracles.
4. 4. Pour obtenir des conseils de l'Esprit Saint afin d'ordonner les Ministres et d'un sens de l'orientation dans le ministère.
5. Pour la création d'un esprit d'harmonie ou de commun accord entre les peuples de différentes nations ou d'origine ethnique.
6. 6. Pour le combat spirituel; certaines des forces démoniaques sont très tenaces, il faudra le jeûne pour renverser de telles forteresses.
7. Pour sauver toute une nation entière de la destruction

Nous pouvons aussi jeûner, pour rechercher la présence de Dieu dans l'adoration ou un désir d'étudier la parole avec la révélation et plus de compréhension.

Une fois que nous nous concentrons principalement sur Dieu, nous sera en mesure d'entendre sa voix plus clairement quand il nous parle.

COMMENT ETRE EFFICACE DANS LE ROYAUME DE DIEU ?

Je voudrais utiliser ce chapitre final pour me concentrer sur comment nous pouvons devenir efficaces dans nos prières d'intercession avec des résultats positifs sachant que nos prières ont un impact dans le monde où nous vivons aujourd'hui. Notons clairement tout d'abord que lorsque nous prions les prières d'intercession, nous portons atteinte à la stratégie du démon, qui veut détruire autant que possible le peuple de Dieu ; c'est pourquoi il RÔDE comme un lion rugissant, cherchant qui dévorer. Les prières d'intercession impliquent la guerre, mais il doit être fait avec de l'orientation de Dieu. Dieu à toujours une stratégie sur comment nous pouvons perturber le plan de l'ennemi, mais il est important que nous entendions de Lui, pour la direction et nous ne le faisons pas de notre propre chef. Ce ne sera pas efficace et pourra même devenir incontrôlable.

Seul un guerrier est adapté à la lutte.

Suis-je apte à combattre une guerre spirituelle ou je perds le contrôle quand je vois un démon?

Ai-je le courage d'entrer dans le royaume des ténèbres et d'y délivrer les enfants de Dieu?

Dans la plupart des cas,, quand la Bible parle de la prière, il se réfère aux armes de la guerre, ce qui signifie l'artillerie pour le combat. Nous faisons face à une force spirituelle.

(Ephésiens 6 : 11-12)

> *Revêtez-vous de toutes les armes de Dieu, afin de pouvoir tenir ferme contre les ruses du diable.*

> *Car nous n'avons pas à lutter contre la chair et le sang, mais contre les dominations, contre les autorités, contre les princes de ce monde de ténèbres, contre les esprits méchants dans les lieux célestes.*

Parfois, il est considéré comme un combat, combattre le bon combat de la foi.

(1 Timothée 6 :12)

> *Combats le bon combat de la foi, saisis la vie éternelle, à la quelle tu as été appelé, et pour laquelle tu as fait une belle confession en présence d'un grand nombre de témoins.*

C'est un combat spirituel et non un combat physique.

Un autre passage dit: «Les armes de notre guerre ne sont pas charnelles (non faites par le matériel mondialement par opposition à la chair).

(2 Corinthiens 10 :3-4)

Si nous marchons dans la chair, nous ne combattons pas selon la chair.

Car les armes avec lesquelles nous combattons ne sont pas charnelles ; mais elles sont puissantes par la vertu de Dieu, pour renverser des forteresses.

Il est évident qu'il y a un combat spirituel parce que nous avons besoin d'armes spirituelles ou d'armes puissantes de Dieu pour nous battre, dont certaines ont été mentionnées dans les chapitres précédents.

Posez-vous vous-mêmes toujours les bonnes questions, quand vous vous sentez réticents à prier et qu'une autre âme est perdue pour le prince de ce monde (Satan).

Qualités uniques du soldat spirituel

Voici quelques-unes des qualités uniques pour que vous deveniez efficaces dans la prière et à votre appel. La première étape de votre appel que vous soyez né de nouveau, remplis de l'Esprit Saint avec l'évidence du parler en langues. Selon Actes 02:08; Prier dans l'esprit est la clé pour une intercession réussie, car il libère la puissance de Dieu en vous. Nous sommes dans une bataille spirituelle, qui a besoin d'un royaume spirituel (royaume) pour libérer la puissance de Dieu, à travers les armes et les stratégies. En outre, il nous permet de prier, la volonté parfaite de Dieu. Parfois quand nous sommes faibles et nous sentons le besoin de prier et ne sachant quoi prier, ni comment prier. Le saint esprit nous aidera à prier la volonté parfaite du Père. Le Saint-Esprit peut nous conduire à prier pour une nation que nous ne connaissons pas, mais en priant en langues par l'Esprit Saint, nous ferons la prière juste et nécessaire pour cette nation.

Prier en langues, c'est comme une arme. N'allez pas à la guerre sans votre arme sinon vous serez vaincu.

Nous combattons contre les puissances spirituelles dans les lieux célestes donc nous avons besoin d'armes spirituelles pour une bataille spirituelle.

Il est important que chaque soldat spirituel ait les qualités suivantes:

1. Vous devez avoir un Esprit de pardon ; vous n'avez pas le temps de garder de la rancœur ou de la malice ou quelque forme d'excuse impitoyable, qui existe. Ceci entrave vos prières et trace une ligne de démarcation entre vous et Christ, Mathieu 6:14-15 et Luc 6:37.

Nous devons pardonner comme Christ nous a pardonné. Un intercesseur n'a pas de place ou de temps de ressentiment envers les autres. Dieu peut vous appeler à intercéder pour une personne qui vous a fait beaucoup de torts dans le passé. Comment pouvez-vous prier pour une telle personne si vous n'avez pas le pardon? Quand vous ne pardonnez pas vous êtes comme collé avec votre propre situation et vous perdez la focalisation de votre appel.

2. Votre marche avec christ doit être une lumière pour les autres, Mathieu 5 :1-4. Jean 5 :13-16 se réfère sur le fait de porter des fruits. Comme nous devenons une lumière pour les autres, nous attirons les autres a Christ, par conséquent, nous gagnons des âmes pour le royaume de Dieu. Notre vie doit être une épître vivante qui attire les autres à Christ quand ils la lisent.

3. Vous devez avoir une relation intime ou une communion habituelle avec Dieu. C'est la clé qui permet de vous familiariser avec les questions de (quoi, quand, pourquoi, où, avec et comment) en Dieu. Il doit y avoir une communication constante parce qu'en priant tant dans le naturel que dans le spirituel à tout moment. Cela pourrait être soit en lisant ou en entendant la parole de Dieu (Romains 10:17) ou en disant la parole de Dieu dans la foi et écoutant la voix de Dieu.

4. Nous devons garder nos cœurs purs, à tout moment et être prêts pour l'adoration, en particulier avant de dormir, afin que nous puissions être à l'écoute de Dieu dans la nuit. J'ai observé que Dieu me parlait beaucoup dans la nuit (Psaume 17 :3). Ce serait peut-être à travers une vision, un rêve ou, parfois, je vais me retrouver au milieu de la nuit en train d'écouter sa voix et écrire ce qu'il me dit. J'étais curieuse de savoir, alors j'ai décidé de faire une recherche sur la communication nocturne. Dans mes conclusions à partir de la Bible, j'ai constaté que Dieu a beaucoup parlé aux gens pendant la nuit. David a écrit beaucoup de ses chansons le soir dans le livre des Psaumes. Dieu a parlé à Salomon pendant la nuit après la reconstruction du temple. Dieu appela Samuel quand il était jeune, dans la nuit pour livrer un message au peuple. Dieu a envoyé l'ange Gabriel à Daniel vers le soir pour interpréter le rêve de soixante-dix semaines. Un ange apparut aux bergers la nuit pour apporter les bonnes nouvelles sur la naissance du Sauveur du monde. Le Seigneur a envoyé un ange pour libérer Pierre la nuit de la prison. Paul et Sillas chantèrent et en prièrent à Dieu dans la nuit, il y eut un tremblement de terre. Avant que Jésus ait choisi les douze disciples, Il est allé à la montagne pour prier Dieu toute la nuit. Jésus a prié trois fois consécutivement au Père la nuit avant son arrestation. Il a prié pour lui même, ses disciples et pour les futurs croyants. Cela me dit que Dieu aime la communication de nuit. Pourquoi est ce encore une question ?

5. Vous devez exprimer l'amour et la bonté, les deux doivent être le même dehors ou parmi la communauté chrétienne. Le commandement nouveau, que Jésus a donné à ses disciples c'est de s'aimer les uns les autres; ce commandement, lorsqu'il est observé, englobe tout. Il en va de même pour nous aujourd'hui, aimer les

autres devrait être inconditionnel et devrait être un style de vie. La même compassion que Christ eut pour nous est la même compassion que nous devons avoir pour les perdus. Nous devons prier que la volonté de Dieu pour son peuple s'accomplisse. Soucieux du bien-être des autres c'est la marque d'un vrai intercesseur. Des intercesseurs qui prennent soin de la création de Dieu. C'est une préoccupation désintéressée, qui recevra une récompense.

6. Parfois les exclusivités mondaines peuvent vous tirer hors de votre appel en devenant trop préoccupé avec les autres que vous perdez la concentration sur votre relation avec Dieu. Faites attention à quel type de compagnie que vous gardez.

Une fois que Dieu vous a appelé à être un intercesseur, c'est irrévocable (immuable), alors pourquoi ne pas se mettre au travail avec votre appel. Celui qui vous a appelé vous donnera la puissance divine dont vous avez besoin pour répondre à son appel et il vous donnera également la possibilité d'échapper à toute convoitise.

Ci-dessous mon réveil aux écritures et mon appel à la prière

L'appel immuable de Dieu

(Romains 11 :29) « Car Dieu ne se repent pas de ses dons et de son appel »

Car les dons et l'appel de Dieu sont irrévocables. [Ils ne se retirent jamais une fois qu'ils sont donnés, et ils ne changent, et Il ne change pas d'avis sur ceux à qui il donne sa grâce ou à qui, il envoie son appel.]

Ce passage fait en réalité référence à Israël comme la nation promise par laquelle l'ensemble de la terre sera béni. Même s'il semble que certains rejettent Jésus comme leur sauveur, Dieu montrera toujours sa miséricorde et son amour pour eux, parce qu'il les a choisis et qu'il ne changera pas. Mais pour nous, nous sommes l'Israël spirituel ; une fois qu'Il nous a appelés, il ne changera pas son esprit vers nous.

L'assurance de Dieu et la responsabilité de la vocation divine

(2 Pierre 1 :3-4), LSG

> *Comme sa divine puissance nous a donné tout ce qui contribue à la vie et à la piété, au moyen de la connaissance de celui qui nous a appelés par sa gloire et par sa vertu; lesquelles nous assurent de sa part les plus grandes et les plus précieuses promesses, afin que par elles vous deveniez participants de la nature divine, en fuyant la corruption qui existe dans le monde par la convoitise.*

Ce passage explique que Dieu nous a mandatés pour ce qu'Il nous a appelés à faire. Ce n'est pas par notre caractère moral par nos bonnes mœurs, mais par la nature divine de Dieu. Après que nous ayons été sauvés et baptisés dans le Saint Esprit, nous avons reçu les caractéristiques de Dieu, qui sont le fruit de l'esprit, l'amour, la joie, la paix, la patience (une humeur égale d'abstention), la gentillesse, la bonté (bienveillance), la fidélité, la douceur (douceur et l'humilité) et la maîtrise de soi (la retenue, la continence), Galates 5 : 22-23. Ce que nous devons faire est de faire croître en permettant à nos comportements d'être contrôlés par l'Esprit Saint, en ayant une relation intime avec Dieu. [Plus loin dans 2 Pierre 1:5-11, il est expliqué que si nous faisons tous les efforts pour nous exceller dans ces caractères divins, nous serons efficaces et productifs pour le royaume de Dieu]. Plus nous devenons mature, plus nous méprisons les convoitises du monde. Nous vivons dans ce monde, mais nous ne faisons pas partie du monde parce qu'il nous a transporté de la puissance des ténèbres au royaume de son cher Fils. C'est pourquoi au travers de nos prières d'intercession, nous gagnons plus d'âmes pour le royaume de Dieu.

Quel est le royaume de Dieu

C'est état de grâce de Dieu (la faveur imméritée) dans le monde ou dans un croyant qui permet à Jésus d'être Seigneur de leur vie.

(Romains 14:17)

> *« Car le royaume de Dieu, ce n'est pas le manger et le boire, mais la justice, la paix et la joie, par le Saint Esprit. »*

(Romains 14:17) Le message

L'Écriture explique ci-dessus que le royaume de Dieu n'est pas seulement notre nourriture quotidienne. Mais une vie droite de l'amour, qui plaît à Dieu, ayant la paix, sachant que nous pouvons nous reposer en lui en ne nous souciant des problèmes de ce monde. Il nous promet la paix que le monde ne peut donner, parce qu'il a vaincu le monde. (Jean 16 : 33). Aussi il nous donne la joie qui est une attitude positive ou une émotion agréable. La joie peut être exprimée au le milieu de la tristesse. Toutes ces caractéristiques sont de Dieu et sont produites par le fruit de l'Esprit (Galates 6 : 22-23).

Pour représenter le royaume de Dieu vous devez tenir compte de ces caractéristiques dans votre vie quotidienne, ce qui attirera les non-croyants afin qu'ils fassent partie de ce royaume. Notre responsabilité ultime est d'attirer les autres vers le Christ.

Les mystères du Royaume

(Marc 4 :11)

Il leur dit : c'est à vous qu'a été donné le mystère du royaume de Dieu ; mais pour ceux qui sont dehors tout se passe en paraboles.

En tant que croyants, vous avez une compréhension de l'orientation de Dieu parce que vous avez fait de lui le Seigneur de votre vie, mais les impies ne connaissent pas et sont donc malheureux de leur vie. Il est de notre devoir de les affecter par la façon dont nous vivons. Les mystères de Dieu sont en Jésus-Christ, si vous avez fait de lui votre Seigneur et Sauveur, il n'y a plus de mystère pour vous, C'est l'espoir de la gloire révélée en Jésus Christ (Colossiens 1:26-27). Votre style de vie pourrait devenir l'espoir de quelqu'un. Votre obéissance à prier peut pousser une nation à se lever et briller au milieu des ténèbres et permettre à un pécheur de se donner à Christ.

Nous sommes citoyens du royaume de Dieu

Comme nous savons que Dieu nous a délivrés de la puissance des ténèbres et nous a transportés dans le royaume du Fils de son amour (Colossiens 1:13), nous sommes donc des citoyens d'un nouveau royaume, qui est le royaume de la lumière. Cela indique que notre citoyenneté doit changer. La question que je vous pose est que, votre citoyenneté a-t-elle été changée ou vivez-vous dans un nouveau royaume avec une ancienne identité? Quand nous étions dans le monde nous-nous sommes comportés comme dans le monde parce que nous appartenions au monde, nous avons suivi les instructions et les normes morales du prince de ce monde, parce que c'était ce que nous savions. Mais maintenant que nous avons changé de citoyenneté, nous avons une nouvelle identité et un nouveau royaume à représenter.

Vivre dans le Nouveau royaume

Physiquement, nous vivons dans ce monde mais spirituellement nous vivons dans un nouveau royaume et le nouveau roi nous donne des instructions sur comment vivre dans Son royaume. Il nous apprend comment Le représenter par notre mode de vie et il nous enseigne sur ce nouveau royaume.

Qui représentez-vous ? (Nous sommes les Ambassadeurs du Christ)

(2 Corinthiens 5 :18-21)

> *Et tout cela vient de Dieu, qui nous a réconciliés avec lui par Christ, et qui nous a donné le ministère de la réconciliation. Car Dieu était en Christ, réconciliant le monde avec lui-même, en n'imputant point aux hommes leurs offenses, et il a mis en nous la parole de la réconciliation. Nous faisons donc les fonctions d'ambassadeurs pour Christ, comme si Dieu exhortait par nous ; nous vous en supplions au nom de Christ : Soyez réconciliés avec Dieu ! Celui qui n'a point connu le péché, il l'a fait devenir péché pour nous, afin que nous devenions en lui justice de Dieu.*

Un ambassadeur est un représentant officiel d'un pays auprès d'un autre. En tant que croyants, nous sommes les ambassadeurs du Christ (représentant) dans le monde, envoyés avec le message de la réconciliation dans le monde. Il est de notre responsabilité de permettre au monde de connaître Christ à travers nos actions et nos actes par notre obéissance à Prier. Le ministère entier de Jésus sur la terre a représenté le Royaume de Dieu par ses actes et ses actions, en guérissant les malades, chassant les démons, opérant des miracles, enseignant aux gens comment vivre leur vie juste et priant toujours au Père. Grâce à nos puissantes prières d'intercession, nous pouvons faire pareil parce que nous représentons le royaume de Dieu.

AU-DELA DU PÉRIMÈTRE DE L'INTERCESSION

Nos prières d'intercession sont si importantes pour Dieu, nous sommes ses gardiens sur la terre. Dans la prière sincère de Dieu nous secouons le monde et arrachons les gens des ténèbres, c'est sa volonté, mais il a besoin d'un vase prêt pour accomplir la mission. Parfois, il faut plus que la prière pour accomplir une mission pour Dieu. Dieu a besoin de votre aide pour faire accomplir la mission, comme certains exemples précédents l'ont montré. Dans ma vie de prière j'ai pu observer que je peux prier pour une situation et voir les choses se passer exactement comme Dieu le veut. Parfois, le Saint-Esprit me donne des instructions sur la façon d'obtenir l'accomplissement de la mission. Une chose que je sais, c'est plus que la prière.

En tant qu'intercesseur, vous avez toujours l'urgence de la mission à accomplir, surtout quand vous avez une relation intime avec Dieu. Le degré de votre intimité avec Dieu détermine l'efficacité du degré de vos prières d'intercession. C'est la raison pour laquelle j'ai insisté autant sur l'adoration, c'est la clé de votre relation intime avec Dieu, et vous gagnerez la connaissance de l'obéissance et la foi par l'adoration. C'est ce que Dieu exige de nous. Au début du livre, nous avons parlé des gens que Dieu a utilisés pour accomplir Sa volonté, ils avaient tous deux choses en commun : l'obéissance et la foi. Nous ne sommes pas exemptés de ces facteurs et Dieu nous a tant aimés qu'Il nous a donné l'Esprit Saint, pour nous aider à accomplir sa volonté. Nous devrions être connus comme des personnes humbles qui sont prêts à mettre les besoins des autres en premier en les encourageant et en les exhortant.

La plupart de ceux qui intercédèrent ont également suivi l'instruction de Dieu pour accomplir la mission. Quand les Israélites mouraient des morsures de serpent en raison de leur péché, Moïse a plaidé en leur nom et Dieu lui a ordonné de mettre un serpent sur une tige et le placé en hauteur afin qu'ils puissent obtenir leur guérison; Elie intervint sept fois pour qu'il pleuve et a attendu de voir un nuage avant de retourner à la ville. Esther en faveur des juifs et s'est présenté devant le roi pour exprimer sa requête en dépit de sa vie.

Quels sacrifices êtes-vous prêts à faire, afin que la volonté de Dieu s'accomplisse à travers vous? Vous vous trouvez peut-être dans un environnement où tout le monde est concentré sur leurs propres moi et leurs propres désirs. Il pourrait s'agir d'un mariage, un lieu de travail, un ministère, mais Dieu veut accomplir une mission là-bas et vous êtes la seule personne avertie et obéissante à ses instructions. Il vous donnera une onction supplémentaire pour se tenir sur la brèche, non seulement pour prier mais pour empêcher la destruction à cause de la désobéissance et le désir égoïste. Puisque vous savez que ce que vous faites ne relève pas de votre propre compétence mais par l'Esprit du Dieu vivant à l'intérieur de vous, vous ne serez ni frustrés ni fatigués. Dieu a dit à Zacharie de dire à Zorobabel, que ce n'est ni par force ni par puissance mais par son Esprit dit le Seigneur des Armées, il lui dit de jeter les fondements du temple de ses propres mains et d'achever aussi sa construction, (Zacharie 4 : 6-9). La bible dit aussi, je puis tout par Christ qui me fortifie. (Philippiens 4 : 13)

Je crois fermement que les intercesseurs ou gardiens dans un ministère ne sont pas juste appelés à prier derrière des portes closes, mais aussi pour écouter la voix de Dieu et effectués les instructions qui leur sont données par Dieu. Peu importe ce que leur dit Dieu, cela est pris au sérieux. Aucun ministère ne devrait se retranché ou être dans le trouble si les gardiens qui connaissent et comprennent la vision de Dieu pour que le ministère mettent la main à la charrue, soit actif dans toute région où il ya un manque ou quand les gens sont obsédés par leur propre désir négligeant l'œuvre de Dieu. En agissant ainsi, nous-nous tenons sur la brèche et la vision sera vivifiée par notre obéissance a agir.

Il est également très important que les gens en position de leader prennent des intercesseurs ou les guerriers de prière plus au sérieux et non plus les voir juste comme des gens qui doivent prier derrière des portes closes.

C'est la volonté de Dieu que, par l'église, son royaume avance et par conséquent ceux qui désirent entendre battre le cœur de Dieu par la prière auront la passion de voir sa volonté s'accomplir. Cela peut s'étendre des plus jeunes jusqu'aux personnes plus âgées disponibles, au travers d'un laïc comme au travers d'une personne instruite dans la Parole de Dieu. Tout ce qu'il recherche c'est un vase consentant et obéissant. La vérité c'est que le résultat soit bénéfique pour nous tous.

Comme nous savons tous que nous vivons dans des temps difficiles, Dieu a besoin de nous pour faire les prières d'intercession et que nous soyons affairés dans son royaume. La Bible dit que la terre sera remplie de la connaissance de la gloire du Seigneur, comme le fond de la mer par les eaux couvrent la mer, (Habacuc 2 : 14) il dit aussi qu'au nom de Jésus tout genou fléchira et toute langue confessera que Jésus Christ est le Seigneur. (philippiens 2 : 10-11)

Quel rôle êtes-vous prêt à jouer pour que cela se produise?

Joignez-vous au ministère de la réconciliation aujourd'hui en priant les prières d'intercession et de diffuser les nouvelles du salut (évangélisation) et que Dieu vous bénisse !!! Amen

Sur l'auteur

Yinka Oleyede est la fille aînée de sa famille. Elle est née le 28 mai 1967 en Angleterre. Sa formation scolaire eu lieu à Londres et au Nigéria (pays d'origine de ses parents). Elle est titulaire d'un diplôme en Science et chimie et en pédagogie.

Depuis son jeune âge, elle aimait prier et pouvait reconnaître le fait que quelque chose l'y incitait ou qu'elle recevait des révélations sur certaines choses. Sa prière d'obéissance produisait toujours de résultats positifs, mais elle était novice.

Ce n'est que depuis qu'elle est devenue membre des Ministères de l'alliance Excellente et Sensibilisation du monde en Allemagne, et à travers l'enseignement puissant des deux pasteurs et apôtre Archie et Tracy Walker, qu'elle a appris que la chose a laquelle elle s'est toujours référé, était le Saint-Esprit pour l'appel à la prière. Depuis, qu'elle a pu entendre plus clairement l'appel du Saint Esprit et en priant avec ferveur pour que la volonté de Dieu s'accomplisse sur la terre.

Elle se considère comme « appelée » et « ordonnée » par Dieu pour être une messagère d'espoir, de paix, d'amour pour les nations du monde au travers de la prière, l'action et l'intercession.

Elle croit également qu'elle a été envoyée pour préparer la prochaine génération pour la seconde venue de notre Jésus-Christ., Elle a quatre enfants, ils vivent en Allemagne.

www.ingramcontent.com/pod-product-compliance
Lightning Source LLC
LaVergne TN
LVHW011019200726
843509LV00011B/1152